DESENVOLVIMENTO SUSTENTÁVEL
PRINCÍPIO DA EFICIÊNCIA EM PROCEDIMENTOS LICITATÓRIOS

EMERSON BALDOTTO EMERY

Prefácio
Jessé Torres Pereira Júnior

DESENVOLVIMENTO SUSTENTÁVEL
PRINCÍPIO DA EFICIÊNCIA EM PROCEDIMENTOS LICITATÓRIOS

Belo Horizonte

2016

© 2016 Editora Fórum Ltda.

É proibida a reprodução total ou parcial desta obra, por qualquer meio eletrônico, inclusive por processos xerográficos, sem autorização expressa do Editor.

Conselho Editorial

Adilson Abreu Dallari
Alécia Paolucci Nogueira Bicalho
Alexandre Coutinho Pagliarini
André Ramos Tavares
Carlos Ayres Britto
Carlos Mário da Silva Velloso
Cármen Lúcia Antunes Rocha
Cesar Augusto Guimarães Pereira
Clovis Beznos
Cristiana Fortini
Dinorá Adelaide Musetti Grotti
Diogo de Figueiredo Moreira Neto
Egon Bockmann Moreira
Emerson Gabardo
Fabrício Motta
Fernando Rossi
Flávio Henrique Unes Pereira

Floriano de Azevedo Marques Neto
Gustavo Justino de Oliveira
Inês Virgínia Prado Soares
Jorge Ulisses Jacoby Fernandes
Juarez Freitas
Luciano Ferraz
Lúcio Delfino
Marcia Carla Pereira Ribeiro
Márcio Cammarosano
Marcos Ehrhardt Jr.
Maria Sylvia Zanella Di Pietro
Ney José de Freitas
Oswaldo Othon de Pontes Saraiva Filho
Paulo Modesto
Romeu Felipe Bacellar Filho
Sérgio Guerra

Luís Cláudio Rodrigues Ferreira
Presidente e Editor

Coordenação editorial: Leonardo Eustáquio Siqueira Araújo

Av. Afonso Pena, 2770 – 15º andar – Savassi – CEP 30130-012
Belo Horizonte – Minas Gerais – Tel.: (31) 2121.4900 / 2121.4949
www.editoraforum.com.br – editoraforum@editoraforum.com.br

E53d Emery, Emerson Baldotto

    Desenvolvimento sustentável: Princípio da Eficiência em procedimentos licitatórios / Emerson Baldotto Emery; prefácio de Jessé Torres Pereira Junior. Belo Horizonte: Fórum, 2016.

    160 p.
    ISBN 978-85-450-0125-6

    1. Direito administrativo. 2. Direito ambiental. 3. Direito constitucional. 4. Direito econômico. I. Pereira Junior, Jessé Torres. II. Título.

                        CDD: 341.3
                        CDU: 342.9

Informação bibliográfica deste livro, conforme a NBR 6023:2002 da Associação Brasileira de Normas Técnicas (ABNT):

EMERY, Emerson Baldotto. *Desenvolvimento sustentável*: Princípio da Eficiência em procedimentos licitatórios. Belo Horizonte: Fórum, 2016. 160 p. ISBN 978-85-450-0125-6.

À Juliana, Aline e Rafael.

Vocês estão em todos os meus pensamentos. O futuro lhes pertence, cultivem-no a partir do presente.

À Cristiane.

Pelo apoio, pela atenção, pelo carinho e pela compreensão em todos os instantes, mesmo quando eu não posso oferecer nenhum apoio, parar e prestar a atenção, demonstrar o carinho que sinto e ouvir o que tens a dizer. Eu te amo, sempre.

Os ideais e as metas não são encontrados, são criados.
(Isaiah Berlin)

SUMÁRIO

PREFÁCIO 11

CAPÍTULO 1
INTRODUÇÃO 21

CAPÍTULO 2
O CONCEITO DE DESENVOLVIMENTO 27
2.1 Desenvolvimento: um conceito da ciência econômica? 28
2.2 Desenvolvimento, um conceito multidisciplinar – Incluindo a preocupação social e a ideia de liberdade 36
2.3 Desenvolvimento: a inclusão do meio ambiente 41
2.4 Um conceito de desenvolvimento compatível com a Constituição 60

CAPÍTULO 3
SUSTENTABILIDADE 67
3.1 O componente social da sustentabilidade 72
3.2 O componente ético da sustentabilidade 75
3.3 O componente ambiental da sustentabilidade 78
3.4 O componente político da sustentabilidade 80
3.5 O componente jurídico da sustentabilidade 83
3.6 Sustentabilidade 85

CAPÍTULO 4
O PRINCÍPIO DA EFICIÊNCIA 87
4.1 O princípio da eficiência no direito brasileiro recente 96
4.2 A análise econômica do direito 102
4.3 Discricionariedade e eficiência 110
4.4 Eficiência e a obrigatoriedade da licitação: dispensa e inexigibilidade 116

CAPÍTULO 5
O DESENVOLVIMENTO (NACIONAL) SUSTENTÁVEL COMO REQUISITO DA EFICIÊNCIA EM LICITAÇÕES 121
5.1 Análise do Decreto Federal nº 7.746/12................................ 124
5.2 Análise da Resolução 976/2013 do Tribunal de Contas do Rio Grande do Sul... 134
5.3 Padrões de sustentabilidade e eficiência – exemplos............... 137
5.4 As fronteiras do desenvolvimento nacional sustentável......... 139

CAPÍTULO 6
CONCLUSÃO 149

REFERÊNCIAS 153

PREFÁCIO

O advogado e professor Emerson Baldotto Emery dispõe-se, nesta excelente monografia, a associar sustentabilidade e eficiência nos procedimentos licitatórios da administração pública. A síntese de sua tese bem poderia ser a de que "a necessidade de contratar bens e serviços sustentáveis se tornou condição de contratação, por si só elemento capaz de determinar a validade da licitação, em argumento raso e direto, se a contratação não for válida, não atinge seu fim, não consegue a condição de eficiente".

Honrado com a escolha de prefaciar a obra, logo ocorreu-me, de sua leitura, que a tese corrobora experiências e é por estas apoiada – reciprocidade típica das questões atinentes à sustentabilidade –, em curso tanto na empresa privada quanto na administração pública, no exterior e entre nós.

Na empresa privada, há o testemunho, entre muitos outros, de Ray Anderson, empresário há mais de meio século. Sua indústria de carpetes conta com onze fábricas, emprega quatro mil pessoas e está presente em 110 países. Sua saga está reproduzida em *Conversas com Líderes Sustentáveis* (Ricardo Voltolini, 2011, p. 40-45).

Desde 1994, após 21 anos de haver fundado a empresa, "resolveu mudar a história da companhia após ouvir de seus clientes perguntas do tipo 'O que a sua empresa está fazendo para preservar o meio ambiente?' ou 'Qual o tamanho do estrago que ela causa ao planeta?'... Impactado pela demanda dos clientes... decidiu que, a partir daquele momento, só 'tomaria da Terra o que fosse natural e rapidamente renovável'... nasceu o projeto chamado Missão Zero, que prevê eliminar os impactos ambientais da companhia até 2020... Hoje se traduz no uso altamente eficaz do petróleo (energia e matéria-prima) para a fabricação do carpete, com redução de 88%, em toneladas absolutas, nas emissões de gases de efeito estufa e de 80% no uso de água em relação a 1996. "Fizemos tudo isso num contexto de aumento de dois terços nas vendas e 100% no faturamento... Apenas a iniciativa de eliminar resíduos proporcionou à empresa uma economia de custos da ordem de 372 milhões de dólares em treze anos".

Anderson sistematiza a escalada para a conversão de seus métodos empresariais à sustentabilidade: "O primeiro passo consiste em eliminar o lixo dos processos industriais, cortando o desperdício de recursos. O segundo implica envolver os fornecedores em um esforço de redução de emissões de carbono. O terceiro, a busca de eficiência energética, substituindo a matriz de combustível fóssil por fontes renováveis. O quarto abriga as atividades de redesenhar processos, reciclar e reutilizar. O quinto está relacionado com o 'esverdeamento' da cadeia de transporte. O sexto tem a ver com a mudança da cultura interna da empresa para um novo modelo de produção, ambientalmente responsável. E o sétimo compreende a reinvenção da atividade comercial e do próprio mercado, com base em regras que possibilitem a convivência mais harmoniosa entre a biosfera e a tecnosfera... o resultado mais espetacular é que essa iniciativa produziu um modelo de negócios melhor, um jeito melhor e mais legítimo de lucrar. "Trata-se de um modelo empresarial que desconcerta os concorrentes de mercado, sem jogar a conta pesada para a Terra e as gerações futuras".

No setor público, posso relatar o que tenho testemunhado no Tribunal de Justiça do Estado do Rio de Janeiro, nos últimos quatro dos trinta anos em que integro os seus quadros da magistratura de carreira.

Quanto maiores a dimensão e a complexidade da organização, maior o desafio de estruturarem-se, com racionalidade, eficiência e eficácia, ações comprometidas com a sustentabilidade.

A estrutura organizacional do Judiciário fluminense compreende, em números redondos, 800 órgãos jurisdicionais (de primeiro e segundo graus) e 700 unidades administrativas (as que cuidam das atividades de apoio logístico e financeiro em geral), distribuídos pelas 82 Comarcas do estado, ocupando 150 imóveis com área total de 640 mil metros quadrados, nos quais circulam, diariamente, em caráter permanente, 900 magistrados, 16 mil servidores, cinco mil empregados de empresas terceirizadas, além de um contingente flutuante de membros do Ministério Público, advogados, procuradores estatais, defensores públicos e demais protagonistas dos processos judiciais (partes, testemunhas, peritos, entre outros auxiliares da justiça). Trata-se do segundo maior tribunal de justiça do país, em termos de dimensão física e volume de processos (dois milhões de ações novas distribuídas e um milhão e 200 mil julgadas, a cada ano, do que resulta um acervo de processos em curso no total, por ora, de nove milhões).

Por evidente que esse largo complexo de pessoas, edificações, instalações e serviços demanda consumo diário de energia elétrica, água, produtos e insumos os mais variados, gerando toneladas de resíduos, recicláveis ou não, a exigir gestão sustentável nos três segmentos de sua integrada e interdisciplinar abrangência – social, econômica e ambiental.

Tal o cenário organizacional que levou a administração judiciária estadual, em 2010, a aderir a convênio – já renovado até 2018 – proposto pelo Ministério do Meio Ambiente, que, com fundamento no modelo de cooperação estimulado pelo art. 241 da Constituição da República, com a redação da Emenda Constitucional nº 19/98, instituiu a chamada Agenda Ambiental da Administração Pública brasileira, entrelaçando os três Poderes constituídos, em todos os entes integrantes da federação, daí a sigla A3P, cuja apresentação enfatiza que "A sobrevivência das organizações públicas ou privadas estará assentada na nossa capacidade de atualizar o seu modelo de gestão, adequando-o ao contexto da sustentabilidade".

Das proposições da A3P, a que, fundadas no art. 225 da Constituição Federal, se somam normas legislativas, bem como diretrizes e orientações expedidas por entidades especializadas, notadamente, no âmbito judiciário, o Conselho Nacional de Justiça, é possível extraírem-se os eixos temáticos que balizam a concepção de políticas, objetivos e metas de sustentabilidade, tal como adotados pelo Judiciário fluminense, por inspiração de seu órgão formulador (Comissão de Políticas Institucionais para a Promoção da Sustentabilidade) e sob a gestão de duas unidades operacionais, vinculadas à Presidência do Tribunal (Departamento de Promoção à Sustentabilidade e Divisão de Gestão Ambiental).

Esse conjunto de princípios, normas, regras e recomendações induz a classificação das ações de sustentabilidade em cinco eixos temáticos, que aglutinam órgãos, unidades e agentes, com atribuições e competências afins, para a realização de tarefas integradas em todos os níveis e escalões dos órgãos jurisdicionais e unidades administrativas, a saber: (i) uso racional dos recursos naturais e bens públicos: (ii) gerenciamento de resíduos; (iii) educação e sensibilização ambientais; (iv) qualidade de vida no ambiente laboral; (v) contratações e licitações sustentáveis.

As sessões mensais da Comissão desenvolvem-se segundo esses eixos temáticos, cujos agentes responsáveis mantêm o colegiado atualizado sobre as ações e os resultados obtidos, dele colhendo, em resposta, análises decorrentes de debates interdisciplinares, lançadas em atas que constituem documentos tanto orientadores do prosseguimento dos trabalhos quanto indutores da formação progressiva de uma cultura gerencial comprometida com a sustentabilidade.

No *eixo do uso racional dos recursos naturais e bens públicos* situam-se os projetos de reforma ou de edificação de prédios do Judiciário fluminense, que destacam preocupações objetivas com eficiência energética, utilização de materiais de mínimo impacto ambiental e processos construtivos redutores desses impactos. Isso porque as edificações respondem por 42% de toda a energia elétrica consumida no País, distribuídas entre os setores residencial (23%), comercial (11%) e público (8%). No caso dos prédios públicos ou comerciais, sistemas de condicionamento de ar arcam com 48% do consumo e os de iluminação, com 24%, segundo levantamentos do Ministério do Meio Ambiente.

Daí o Instituto Nacional de Metrologia, Qualidade e Tecnologia (Inmetro) e a Eletrobrás haverem lançado, em 2010, a Etiqueta de Eficiência Energética de Edificações, que avalia e classifica as edificações de acordo com o seu consumo de energia. Segundo o consumo induzido por fachada e entorno dos prédios, pelos sistemas de iluminação e de ar condicionado, o nível de eficiência energética da edificação é classificado de (A) a (E), sendo que somente os prédios que recebem a classificação (A) ganham o selo Procel Edifica.

O Poder Judiciário fluminense conveniou com a Eletrobrás, aos 7 de dezembro de 2012, projeto destinado a promover, com base no Plano Nacional de Eficiência Energética (PNEf), o processo de etiquetagem PROCEL EDIFICA–Inmetro, tendo como edificação piloto o prédio do fórum novo de Niterói, a irradiar, oportunamente, o mesmo processo aos demais prédios em obras ou a construir.

Desde então, os projetos básicos de edificação de novos fóruns e de reforma dos prédios existentes passaram a incluir, como itens obrigatórios de critérios técnicos, os de eficiência energética (cobertura verde, vidros especiais, ar condicionado central com distribuição setorizada, elevadores inteligentes, instalações e equipamentos adequados à racionalização do uso das águas, aquecimento solar, equipamentos de alto desempenho, valorização da iluminação natural, uso de tintas à base de água e de materiais de acabamento com baixa volatilidade, uso de madeira certificada e de pisos permeáveis etc.), canteiros de obras com baixo impacto ambiental, controle adequado de resíduos e bicicletário, entre outras soluções de sustentabilidade.

Ditos critérios nortearam os projetos de reformas e edificação dos prédios dos fóruns de Alcântara, Itaboraí, Mesquita, Nilópolis, Rio Bonito, Teresópolis, Rio das Ostras e Lâmina III do Fórum Central, nos quais foram instalados teto verde e área para segregação de resíduos, entre janeiro de 2013 e julho de 2014.

Ainda como medida pertinente ao eixo de racionalização dos recursos naturais e ao uso de bens públicos, a Presidência do Tribunal editou, acolhendo proposta da Comissão, o Ato nº 12/2014, que estabeleceu a padronização de impressão mediante o uso preferencial da Fonte Ecológica Spranq (ECOFONT), que enseja até 25% de economia de tinta na impressão de documentos que, dada a sua natureza, não possam ser exclusivamente virtuais.

O *eixo do gerenciamento de resíduos* é balizado pela Lei nº 12.305, de 2 de agosto de 2010, a chamada Lei da Política de Resíduos Sólidos, regulamentada, na administração da União, pelo Decreto Federal nº 7.404/2010. Instituiu a separação obrigatória dos resíduos recicláveis daqueles não recicláveis. Considerada a índole essencialmente técnica da matéria, o Judiciário fluminense conveniou com a Universidade do Estado do Rio de Janeiro (UERJ), aos 21 de novembro de 2013, parceria de cooperação técnica e científica para a elaboração do Plano de Gerenciamento de Resíduos Sólidos do TJERJ. Elaborada pelo Instituto de Química daquela Universidade, após visitas às instalações e fontes geradoras das toneladas de resíduos decorrentes das atividades judiciárias, a versão preliminar do plano foi aprovada aos 5 de junho de 2014, estimando-se que, no semestre seguinte, estará concluída a versão final, consagrando as soluções gerenciais que serão implementadas para todo o ciclo da gestão dos resíduos sólidos, incluindo coleta, separação, transporte e destinação.

O *eixo da educação e sensibilização ambientais* parte da premissa de que a maioria das pessoas ainda não tem consciência dos impactos socioambientais que elas próprias produzem. Assim também ocorre com os servidores públicos, daí a importância de formar-se uma nova cultura institucional, nas atividades meio e fim do setor público, mediante ações educativas.

Palestras, cursos, exibição de filmes comentados e outras iniciativas do gênero podem vir a sensibilizar os servidores, com o objetivo de despertar a responsabilidade socioambiental individual e coletiva, bem como de capacitá-los para práticas administrativas sustentáveis.

Nos três últimos anos, ações desse teor foram deflagradas: o sistema interno de som do complexo do fórum central da Capital veiculou mensagens ambientais que orientam, por meio de ilustrações práticas, como economizar água e energia elétrica; alcançaram as vinte mil pessoas que, diariamente, aguardam, nos corredores daquele fórum, as audiências ou circulam pelo prédio, bem assim os serventuários e auxiliares que ali trabalham; também o sítio eletrônico do Tribunal dissemina mensagens ambientais periódicas; realizaram-se cursos de formação de agentes e monitores ambientais, bem como de capacitação para o preparo e condução de procedimentos licitatórios com observância de requisitos de sustentabilidade; sessões de cinema exibiram filmes acerca de saneamento, resíduos, consumo, gestão e mudanças climáticas; os novos servidores do Judiciário, aprovados em concursos públicos, são recepcionados pelo programa de integração funcional, em cujo temário se insere matéria ambiental nas matrizes de competência; o sítio eletrônico do Tribunal permite acesso ao *clipping* produzido pelo Ministério do Meio Ambiente, em que se sintetiza o noticiário ambiental divulgado na mídia nacional, e se dá acesso à legislação ambiental através do Banco do conhecimento ambiental.

A Escola da Magistratura mantém, há quinze anos, um fórum permanente de direito ambiental, promotor de eventos e palestras de especialistas e autoridades; oferece um módulo de direito ambiental no programa do curso de pós-graduação em direito administrativo e um curso de pós-graduação em direito ambiental, cada qual com 360 horas-aula de duração e credenciamento pelo Conselho Estadual de Educação (CED).

A Escola de Administração Judiciária também oferece um curso de pós-graduação *lato sensu* em direito ambiental, igualmente credenciado pelo CED, destinado a serventuários.

Servidores treinados vêm impulsionando a execução dos convênios de cooperação ambiental: (a) com a ELETROBRÁS, referente ao processo de etiquetagem (ENCE) PROCEL EDIFICA– Inmetro; (b) com a UERJ, almejando a elaboração do Plano de Gerenciamento de Resíduos Sólidos; (c) com a SEPLAG – Secretaria de Planejamento e Gestão do Estado, facultando o acesso ao Sistema de Gestão de Gastos, do Governo do Estado do Rio de Janeiro (d) com a AMPLA, para o estabelecimento de condições técnicas e financeiras de implementação de eficiência energética em unidades consumidoras situadas nas regiões servidas pela concessionária; (e) com a SECRETARIA DE ESTADO DO AMBIENTE, objetivando promover a integração institucional na execução de atividades de cooperação e assessoria técnica em gestão ambiental.

Ao *eixo da qualidade de vida no ambiente laboral* importa a melhoria da qualidade do ambiente de trabalho, em que o servidor exerce suas atividades e passa a maior parte de sua vida profissional ativa, por isso que o conceito abarca aspectos físicos, ambientais e psicológicos.

Em agosto e setembro de 2012, realizou-se o primeiro curso de noções de ergonomia, com a participação de serventuários de diversos setores e do qual resultou a criação, em outubro daquele ano, do Grupo de Trabalho em Ergonomia, que realiza reuniões mensais, com elaboração de *folder* e cartilha virtual com noções de ergonomia para os serventuários.

Seguiram-se visitas a serventias judiciárias, para análise e diagnóstico dos riscos ergonômicos, tendo em vista a implantação do processo judicial eletrônico, entre 2012 e 2013; produziu-se um vídeo para exibição nas serventias, mostrando a correção de posturas corporais em relação ao mobiliário e aos equipamentos de informática.

O *eixo das contratações e licitações administrativas* estruturou-se a partir da Lei nº 12.349, de 15 de dezembro de 2010, introdutora, na Lei nº 8.666/93, a chamada Lei Geral das Licitações e Contratações Administrativas, de modificações que abrem um novo ciclo para a gestão dos contratos públicos, qual seja o da incorporação, como cláusula geral obrigatória, do desenvolvimento nacional sustentável.

As repercussões dessa cláusula sobre as várias fases do processo administrativo das contratações de compras, obras e serviços se prenunciam intensas, em extensão e profundidade.

Serão por ela alcançadas a especificação de materiais e produtos, a elaboração de projetos básicos de obras e serviços, a estimativa dos preços de mercado, a definição dos critérios de julgamento de propostas, o exercício do juízo de aceitabilidade de preços, a análise de impugnações a atos convocatórios de licitações, o julgamento de recursos administrativos, a adjudicação do objeto e a homologação do procedimento competitivo.

A rigor, nada escapa à necessidade de revisão e de ajustamento em todos os segmentos que configuram o devido processo legal da contratação, a que se devem adaptar órgãos, entidades e agentes, na administração direta e na indireta de qualquer dos poderes de todos os entes federativos, bem como fornecedores, prestadores de serviços e executores de obras que pretenderem participar dos certames licitatórios ou contratar com a administração estatal, no desempenho do compromisso jurídico-administrativo com o desenvolvimento sustentável.

A Lei nº 12.349/10 terá transformado em dever jurídico o que antes não passava de apelo politicamente correto, dever esse que cobrará a responsabilidade dos administradores públicos, por isso que impende conhecê-lo e bem praticá-lo. As mais recentes inovações legislativas, desdobrando as incumbências que o art. 225, §1º, da Carta Fundamental assina aos poderes públicos, deixam claro que a estes cabe papel essencial no cumprimento desses compromissos, na medida em que é o estado um dos maiores, senão o maior, dos contratantes permanentes de produtos, serviços e obras, tanto que se estima em 16% do PIB a participação de todos os contratos celebrados por órgãos e entidades estatais e paraestatais na economia do país.

O Ato nº 6, de 2014, da Presidência do Tribunal, aprovou minutas padronizadas de editais e de contratos, incluindo requisitos de sustentabilidade, e instituindo o chamado Guia Verde, em que são indicadas, de acordo com normas técnicas de entidades normalizadoras credenciadas (*vg.* ABNT e INMETRO), as especificações que devem preencher os bens e serviços mais comumente licitados, sob pena de desclassificação da proposta que descumpra aqueles requisitos e essas especificações. E Ato de setembro de 2014 aprovou, após ano e meio de discussões entre os gestores judiciários estaduais, até que se aportou a consenso, incluindo os requisitos da sustentabilidade, o manual dirigente do ciclo de contratação e suas respectivas rotinas operacionais, a serem observados por todos os agentes administrativos.

A questão ambiental insere-se, cada vez mais, nas atividades relativas ao sistema produtivo e à administração das organizações, indissociáveis as variáveis ambientais de suas decisões estratégicas. Pontos de tensão são inevitáveis na aplicação e interpretação de princípios e normas, dos quais decorram requisitos de sustentabilidade a serem observados na atuação de órgãos e entidades integrantes da administração pública, bem assim das sociedades empresárias.

Esses pontos de tensão geram conflitos que vêm sendo judicializados em progressão geométrica, sobretudo mediante ações civis públicas propostas pelo Ministério Público. Basta referir que demandas versando sobre danos e direitos ambientais, distribuídas aos Juízos e instâncias do Judiciário fluminense, apresentam a seguinte evolução: na década de 1970, foram aforadas três ações; na de 1980, seis ações; na de 1990, 74 ações; na primeira década do novo século, 2.759 ações. Daí a relevância de se conhecer o desenvolvimento dos princípios e normas de sustentabilidade e suas implicações, inclusive no plano das responsabilidades civil, administrativa e penal, seja para evitá-las, reduzi-las ou operar os seus efeitos e consequências.

A sustentabilidade, bem o demonstra Emerson Emery, é necessariamente sistêmica, inter e multidisciplinar, examinando aspectos que pareceriam alheios uns dos outros, mas que se defrontam, reciprocamente influentes, nas confluências, superposições, interseções e tangências da sustentabilidade, a exigir gestão eficiente e eficaz na contratação de compras, obras e serviços necessários desde a gestão da infraestrutura até a de serviços prestadores dos direitos sociais fundamentais (CR/88, art. 6º) e suas políticas públicas de efetivação em prol de todos os cidadãos, sem exclusão.

Três lições desde logo se insinuam: 1ª, a pergunta inteligente não é a que indaga qual o custo da sustentabilidade, mas, sim, qual o custo de ser a sustentabilidade ignorada, nesta geração e nas vindouras; 2ª, a de que, ao contrário do que imaginavam os economistas clássicos, não é a oferta que produz a demanda, porém esta é que condiciona aquela; 3ª, a de que a sustentabilidade há de gerar um novo paradigma para identificar-se, nas contratações de compras, obras e serviços pela administração pública, a proposta mais vantajosa, que tenderá a ser a de menor preço dentre as que cumprirem os requisitos da sustentabilidade, destinando-se à desclassificação as de preço inferior, mas que os desatendam, questão tormentosa que o autor enfrenta com pertinência e rigor acadêmicos.

Decerto que o leitor extrairá outras lições do acervo aqui publicado e saberá formular as perguntas cujas respostas, prontas ou em elaboração, estarão a mudar a face do planeta, para o bem ou para o mal. O texto de Emerson Emery contribuirá para que as respostas certas sejam encontradas, no que toca à gestão da atividade contratual do estado democrático de direito brasileiro.

Rio de Janeiro, primavera de 2014.

Jessé Torres Pereira Junior
Desembargador. Professor-coordenador dos cursos de pós-graduação de direito administrativo da Escola da Magistratura. Presidente da Comissão de Políticas Institucionais para a Promoção da Sustentabilidade, do Tribunal de Justiça do Estado do Rio de Janeiro.

CAPÍTULO 1

INTRODUÇÃO

Este estudo discute o alcance e a importância do conceito de "desenvolvimento nacional sustentável" inserido pela Lei nº 12.349/10 no art. 3º da Lei nº 8.666/93, de Licitações e Contratos Públicos, entendendo-o como um requisito para a concretização do princípio da eficiência, ínsito a toda administração pública. A argumentação parte do pressuposto de que a administração somente respeitará as exigências constitucionais em suas contratações se atender às diversas dimensões axiológicas que o conceito carrega em sua formulação, vinculando os atos a uma ótica de longo prazo, principalmente no que tange ao direito das futuras gerações em desfrutar de um meio ambiente preservado e equilibrado.

Necessário, para tanto, precisar conceitos, e, como desenvolvimento, sustentabilidade e eficiência separadamente dão ensejo a um estudo próprio, cada um desses termos foi destacado, constituindo um capítulo.

O estudo sobre o "desenvolvimento" aborda a evolução histórica de sua compreensão até a formulação de um conceito adequado à Constituição Federal de 1988. O conceito de matiz constitucional é qualificado, não se confunde com o conceito de desenvolvimento econômico da economia clássica que o identifica com crescimento econômico, em especial, aquele medido pela variação do Produto Interno Bruto (PIB), nem se conforma com outras fórmulas sintéticas, como o índice de desenvolvimento humano (IDH). Para ser constitucionalmente adequado, deve abranger os objetivos fundamentais da República, considerar a efetiva necessidade de implementação dos direitos fundamentais em sua formulação complexa, composta dos chamados direitos liberais, sociais e ambientais, o meio ambiente entendido como lugar de realização da vida; vinculando o setor público e privado, sendo primacial o respeito à dignidade da pessoa humana e o direcionamento de seu foco para a erradicação da pobreza e redução das desigualdades sociais, sem descurar do equilíbrio ecológico do meio ambiente, que deverá ser preservado ou recuperado para as gerações presentes e futuras. Nesse contexto, o entendimento do que seja "desenvolvimento" deve atender a reflexões de longo prazo, consistentes com uma sociedade que não mais se pautará pela disponibilidade de energia abundante e barata provinda de fontes de baixa entropia fornecida pelos combustíveis fósseis, em consequência, há que se criar novos paradigmas que viabilizem uma mudança de comportamento e atitudes para uma economia de escassez energética, na qual as restrições de disponibilidades de recursos serão uma tônica importante, com profundas alterações na matriz energética, para migrar do fornecimento a partir de fontes de alta emissão de carbono, como as baseadas no petróleo, carvão e outros hidrocarbonetos, para fontes renováveis, hoje ainda consideradas fontes de energia alternativa.

O conceito de desenvolvimento deve ter um sentido forte de mudança, principalmente de ampliação das liberdades e capacidades sob a ótica social (com a manutenção das atuais) e de reformulação do trato do meio ambiente e uso de recursos, inserindo-se os princípios da termodinâmica na consideração dos custos ecológicos. Dentro da esfera da economia, não significa, necessariamente, uma evolução do PIB, mas de desenvolvimento que respeite a Constituição Federal, particularmente o disposto nos artigos 3º e 225. Tendo por pano de fundo essa tessitura complexa, o elemento "desenvolvimento" sequer pode se confundir apenas com crescimento da economia, muito ao contrário, pode até haver desenvolvimento em meio ao decrescimento econômico, a partir de realocações de recursos, redução de custos por aumento de eficiência, redução de desperdícios, ou, em casos muito específicos, condizer com a simples redução do montante de produto.

Adequado o conceito de desenvolvimento aos comandos constitucionais, surge um nítido vínculo com a sustentabilidade e a eficiência. O desenvolvimento qualificado determinado pela Constituição implica a adoção de um novo comportamento, pautado por uma nova responsabilidade socioambiental, substrato do conceito de sustentabilidade trabalhado no capítulo seguinte. Demonstra-se que sustentabilidade significa muito mais do que a conservação do ambiente ou a manutenção dos níveis econômicos (no sentido de uma economia que se sustenta em constante evolução). Sua inserção no ordenamento impõe uma mudança do próprio conceito de ação humana, e, por consequência, uma nova ética do agir humano, que amplia o domínio da ética clássica para além das preocupações concernentes ao ser humano, incluiindo, também, os animais, o ambiente que nos cerca e os seres que ainda estão por nascer.

O direito reflete o avanço nas demais áreas do conhecimento. O desenvolvimento da ciência em seus diversos campos vem reforçando a ideia de que a vida demanda condições ambientais muito restritas para se perpetuar (particularmente a vida humana), e que essas condições mantêm-se dentro de uma faixa de oscilação que obedece a limites estreitos e alteram-se apenas em períodos muito longos para os padrões humanos. A atuação do homem sobre seu meio, à margem do princípio da precaução, está alterando essa correlação, com resultados desconhecidos e potencialmente catastróficos em decorrência da simples constatação de que as condições para a existência de vida dependem do meio ambiente, este é condição para a existência de todas as formas de vida, presentes e futuras. Novamente se destaca uma correlação entre os argumentos: o desenvolvimento não se completa se não ocorrer de forma sustentável e a sustentabilidade condiciona a validade dos atos administrativos em relação à constituição.

Consectário lógico, a validade, como requisito do ato eficiente, implica ser a sustentabilidade requisito da eficiência.

Ser eficiente é fazer mais e da melhor maneira aquilo que era feito de uma forma pior, mas, para alguém fazer algo antes, é preciso existir, é preciso "ser". Se a vida, condição para "ser", depende de atitudes sustentáveis, se o agir sustentável é a forma de criar condições de "ser" e de "estar", então, a sustentabilidade é requisito para "fazer melhor", é condição da eficiência. Essa é a premissa que se pretende demonstrar no presente trabalho em relação às contratações administrativas.

Por isso, o desenvolvimento sustentável é condição para se alcançar eficiência "lato sensu", inclusive em licitações. Só haverá eficiência se houver possibilidades para as gerações futuras, senão, a eficiência atual será como o manto de Penélope, na claridade do dia, produz para a felicidade presente, na penumbra da noite, destrói as possibilidades das gerações vindouras.

Desprovidos da teleologia dos objetivos fundamentais da República, os atos administrativos, particularmente as contratações públicas, são passíveis de questionamento e anulação, situação que se agrava quando o objetivo visado se materializa em sentido oposto, sofrendo de grave patologia constitucional, é dizer, o princípio jurídico da eficiência contém o conceito econômico de eficiência, mas não se resume nem se identifica com este, compõe-se de outros vetores tão ou mais importantes, dependendo do caso concreto.

Determinados os contornos dos conceitos de desenvolvimento, sustentabilidade e eficiência, o estudo procura colmatá-los numa ideia única direcionada às licitações.

A introdução do princípio do desenvolvimento sustentável como uma diretriz básica a orientar as contratações públicas implica em substancial alteração da hermenêutica dos demais princípios orientadores das licitações. O princípio da contratação mais vantajosa para a administração perde sua "quase identidade" com o menor preço, para se transformar naquela que melhor se adéquam os princípios fundamentais da Constituição Federal, vantajosa porque qualitativamente mais adequada. Também o princípio da isonomia tem que ser relativizado pela necessidade de cumprimento pelo fornecedor dos direitos e garantias fundamentais individuais e coletivos, bem como respeito às condições ambientalmente desejadas. Pelo novo princípio, a aptidão ambiental deve ser considerada um pré-requisito.

Por outro lado, os fins a que o Estado se propõe a alcançar com uma contratação nem sempre são exclusivos. A introdução do novo princípio obriga atentar para interesses múltiplos, decorrentes da Constituição. As contratações públicas têm [agora] fins imediatos e fins mediatos, inclusive no que tange à distribuição de renda, direcionamento da oferta de emprego, incentivo ao desenvolvimento econômico e social, pesquisa, enfim, uma miríade de propósitos mediatos que devem ser considerados no momento da elaboração de um edital ou carta convite.

Por causa dessa multiplicidade de fins que devem ser adequados, o princípio da eficiência também não encontra respaldo na mera eficiência econômica, conceito ligado à ciência da economia. O princípio da eficiência, requisito dos atos administrativos, é conceito complexo que abrange eficiência ambiental, social e econômica.

Na esfera da administração pública, eficiência administrativa, objeto do terceiro capítulo, identifica-se com a boa administração, aquela que gere o bem público de maneira a atingir os objetivos constitucionais, não aceita o desperdício, tem consciência de que as ações atuais afetam não somente o hoje e o amanhã, mas os próximos anos, décadas e séculos, que compreende a miséria não como um destino de desafortunados, porém como um estado de carência a ser superado, sem paternalismos arcaicos, com incentivos adequados que garantam a devida autonomia e capacidade de desenvolvimento pessoal de cada um segundo seu próprio desiderato.

Para tanto, a administração dispõe de inúmeros recursos, dentre eles, a análise econômica do direito, instrumento importante para a tomada de decisão por parte do executivo, legislativo e do judiciário, apenas que, dentro dessa metodologia, deve-se, adequadamente, inserir os problemas relacionados à sustentabilidade como uma externalidade significativamente relevante, e incluir, nas considerações, os direitos das gerações futuras.

A inserção do princípio do desenvolvimento nacional sustentável na legislação de licitações e contratos administrativos ocorre num ambiente de tomada de consciência sobre os problemas ambientais e a compreensão da Constituição como uma norma que deve ter efetividade. Essa conscientização está modificando o panorama legal e institucional do Brasil, refletindo em alterações no ordenamento nacional com significativas implicações para o conceito de desenvolvimento sustentável.

Diversas leis, instruções normativas e decretos vêm tratando do tema sustentabilidade, com destaque para o Decreto Federal nº 7.746/12, que surgiu com a finalidade específica de regulamentar o art. 3º da Lei nº 8.666/93, para determinar que os procedimentos em contratações públicas incluam requisitos que promovam o desenvolvimento nacional sustentável. As reformas normativas estão impactando as decisões judiciais e dos tribunais de contas, embora com resultados que se podem classificar como tímidos, incipientes. Talvez a consideração mais adequada seja afirmar que, no âmbito dos tribunais de contas, a sustentabilidade como um princípio das licitações ainda é um conceito em formação, constatado pela dificuldade em se criar soluções que nem sempre significarão a maior redução imediata de dispêndio, ou seja, a maior vantagem para a administração continua sendo, prioritariamente, uma vantagem econômica (menor preço).

Ferramentas para modificar esse panorama e viabilizar contratações qualitativamente superiores não faltam. A defesa constitucional do meio ambiente permite determinar tratamento diferenciado a bens e serviços conforme o impacto ambiental que causem sua elaboração ou prestação, bem como controlar a produção, a comercialização e o emprego de técnicas, métodos e substâncias que comportem riscos para a vida, a qualidade de vida e o meio ambiente, combinando os artigos 225, V e 170, VI, da Constituição. Por si só, a interpretação desses dispositivos deveria subsidiar contratações sustentáveis de forma prioritária, mas a escassez de recursos orçamentários ainda é o principal (quando não o único) diapasão que dá o tom da maioria das contratações, basta exemplificar afirmando que o único tipo de contratação admitido pelos pregões é o de menor preço, embora se reconheça que alternativas vêm sendo tentadas, como o disposto no Acórdão nº 2535/2012 do TCU, que admite a utilização da modalidade pregão para aquisição de bens complexos, quando há um padrão. Embora uma iniciativa tímida, é um grande avanço hermenêutico. Entretanto, não há dúvidas de que períodos de restrição econômica são profícuos em exemplos que revelam a fragilidade do argumento ambiental em face do imediatismo qualitativo do baixo custo.

Fundado nos conceitos de desenvolvimento, sustentabilidade e eficiência desenvolvidos, o trabalho tentará responder se as contratações governamentais podem impulsionar o processo de sustentabilidade econômica e ambiental, e fomentar o desenvolvimento social. Se puder, como isso pode se realizar? Os incentivos introduzidos no art. 3º da Lei nº 8.666/93 são justificáveis ou podem sofrer da incômoda classificação de protecionismo? Há compatibilidade com a eficiência?

O trabalho também investigará a racionalidade das decisões dos agentes econômicos para tentar vislumbrar alternativas à satisfação do autointeresse egoístico, perquirindo se há condições de existir outros móbeis que influenciam a ação humana que viabilizem a preocupação com as gerações futuras, inclusive ações altruístas, e, nessa medida, que sejam suficientes para fundamentar uma alteração da compreensão do que seja o princípio da proposta mais vantajosa para a administração. O argumento será de que a proposta mais vantajosa para a administração abrange considerações de ordem qualitativa, portanto, nem sempre se identificará com o menor custo financeiro.

Por fim, na forma do art. 174 da Constituição Federal, o governo, como agente normativo e regulador da atividade econômica, tem funções de fiscalização, incentivo e planejamento, por via de consequência, influencia nas decisões dos agentes econômicos, como já sinalizava Coase na década de 30 do século passado, na esfera do direito e Keynes na esfera da economia. Nesse sentido, o trabalho investigará em que medida seria possível à administração influenciar as decisões dos agentes sociais e econômicos a assumirem atitudes sustentáveis por meio de suas contratações, principalmente em termos de indução de investimentos.

CAPÍTULO 2

O CONCEITO
DE DESENVOLVIMENTO

Quando a Lei nº 12.349/10 alterou o artigo 3º da Lei nº 8.666/93 para inserir em seu *caput* o princípio do "desenvolvimento nacional sustentável", deixou uma lacuna no artigo 6º pela indefinição[1] do que significa cada um dos termos acrescidos. O termo desenvolvimento, no art. 3º da Lei nº 8.666/93, parece ser a espécie de conceito a que Eros Grau (2005, p. 200) denomina de tipológico (fattispecie), um conceito "carente de preenchimento com dados extraídos da realidade".

A qual espécie de desenvolvimento se refere o novo princípio? É certo que uma interpretação sistemática da expressão desenvolvimento dentro do ordenamento nacional não permite concluir que há uma identidade com o mero crescimento do Produto Interno Bruto (PIB), mas é preciso esforço para demarcar os limites dentro dos quais a expressão está contida, se é que tem contornos definidos. Além disso, a expressão desenvolvimento carrega um histórico axiológico que justamente confunde desenvolvimento com crescimento econômico, e não poucas pessoas, inclusive renomadas e laureadas com prêmios internacionais, sustentam essa identidade, que, de tanto ser propalada, inseriu-se na cultura popular, tornou-se uma "noção", como diria Eros Grau (GRAU, 2000), e encontra acirrada resistência a argumentos que a contestam.

Virou lugar-comum dizer que o conceito moderno de desenvolvimento deve ser inclusivo, sustentável e sustentado,

---

[1] Indefinição das expressões, ou como afirma Eros Grau, não há indefinição do conceito jurídico (ideias universais), mas das expressões utilizadas. GRAU, Eros R. *O direito posto e o direito pressuposto*. 6. ed. São Paulo: Malheiros, 2005, p. 196.

mas o que isso quer dizer? Em primeiro lugar, o que quer dizer desenvolvimento? Por segundo, ser includente remete à ideia de descentralizar, levar o desenvolvimento aos mais diversos rincões, torná-lo alcançável por todos que tenham interesse em dele participar, mas isso se confunde com aumento de renda e consumo ou há algo mais, como viabilizar a autorrealização e ter capacidade de participar das decisões que afetam o contexto em que o indivíduo participa?

Outro problema que surge dá-se pela quase contradição entre desenvolvimento como "crescimento econômico" e desenvolvimento que mantém as condições de vida e saúde da biosfera conforme hoje se conhecem, para que as gerações futuras também possam dela usufruir. Mas quais são as condições nas quais a sustentabilidade pode despontar?

Também é preciso se questionar se o desenvolvimento tem condições de se manter de forma duradoura e quais os problemas de sua perenidade.

Por isso, o conceito de desenvolvimento deve ser aprofundado, superando-se a ideia de limitá-lo ao crescimento econômico, demonstrando-se, de forma cabal, a razão pela qual, em certos casos, o próprio crescimento é uma involução e não desenvolvimento, mas, principalmente, buscando determinar limites necessários para o seu emprego constitucionalmente válido.

2.1 Desenvolvimento: um conceito da ciência econômica?

Embora a ciência econômica estude a alocação eficiente de recursos escassos, não enxergou, antes de outras, a possibilidade de exaustão ambiental, a limitação de recursos imposta pela impossibilidade – ao menos, no curto prazo, de expandir as fronteiras da vida além da Terra, e, de uma forma geral, até hoje não valora e contabiliza adequadamente os recursos naturais.[2] A economia importa-se

---

[2] Ver a respeito: DALY, Herman. *A economia do século XXI*. Porto Alegre: Mercado Aberto, 1984, p. 57 e DASGUPTA, Partha. *Economia*. Tradução de S. Vieira. São Paulo: Ática, 2008, p. 129.

com o bem-estar considerando um período de, no máximo, alguns anos; a natureza movimenta-se em eras. Os modelos econômicos são projetados para horizontes de tempos curtos, semanas, meses ou poucos anos, não raro as previsões são alteradas mais de uma vez no mesmo mês. Os modelos que comportam maior margem de erros arriscam cerca de 20 ou 30 anos, mas, mesmo no curto prazo, há elevado grau de incerteza, muitas vezes, levando a situações críticas, como ocorreu com a crise de 1929, os choques do petróleo em 1973 e 1979, mais recentemente, a crise econômica de 2008 e particularmente a grande instabilidade do Brasil em 2015.

A administração dos bens materiais, especialmente dos necessários à sobrevivência, é uma preocupação que exigiu esforços desde a Antiguidade, tornando-se a base do conhecimento econômico, porém, somente com o surgimento do Iluminismo, tornou-se possível a sistematização e construção da economia moderna. A evolução do conhecimento científico ocidental e das sociedades sofreu um grande empuxo em meados do século XVII, principalmente a partir de Bacon e Descartes.[3] Estudar o mundo observável por meio de métodos e não de forma aleatória, com instrumentos de análise que permitissem a previsão dos fatos, alterou sobremaneira os mais diversos campos do conhecimento, inclusive a forma de alocação de recursos públicos e privados. A certeza propiciada pela "nova ciência", particularmente no campo da Física e da Matemática, levou o homem a acreditar em sua onisciência, que o desenvolvimento do conhecimento poderia, um dia, propiciá-lo rever o passado e prever o futuro, por meio de uma formulação adequada para determinar todas as relações de causa e efeito. Havia a crença de que deveria haver uma fórmula para determinar os acontecimentos do universo, e a Física newtoniana estava provando ser possível isso, pois previa até o movimento dos astros.

As descobertas de Newton fascinaram o mundo e "ufanizaram" as interpretações a respeito da capacidade do intelecto humano,

---

[3] Como afirma Berlin: As ideias não nascem das ideias por partenogênese. O processo que conduziu à nova visão histórica, e mais ainda a sua influência dominante sobre grande parte da vida política e intelectual do Ocidente, tem suas raízes em grandes mudanças sociais e culturais que remontam à Renascença e à Reforma, se não a períodos ainda anteriores. BERLIN, I. *A força das idéias*. Tradução de Rosaura Eichenberg. São Paulo: Cia das Letras, 2005, p. 285.

considerado "capaz de tudo", dando aos homens uma sensação de poder quase infinito e a esperança de que decifrar a linguagem de Deus seria apenas uma questão de tempo. Todos os problemas haveriam de ter uma solução. Durante as cerimônias fúnebres de Sir Isaac, seu amigo Alexander Pope, encarregado de presidi-las, iniciou seu discurso com a frase: "Nature, and nature's law lay hid in the night. God said, let Newton be! And all was light!"[4] – Há maior indicativo da confiança da humanidade na ciência? Toda a ciência foi afetada pela razão,[5] inclusive a economia. A França teve a primeira escola de economia em moldes científicos, os Fisiocratas, cujo propósito era uma economia objetiva, com rumo considerado "natural", determinado por leis "quase físicas". O fisiocrata mais importante, Quesnay, era médico, entendia a economia como o corpo humano: o governo pensa, o povo trabalha e a riqueza circula de forma perfeita, à semelhança do sistema sanguíneo, a solução encontrava-se no "laissez faire, laissez aller, laissez passer", assim a sociedade se desenvolverá num rumo necessário, "segundo leis que se impõem automaticamente a todos". (NAPOLEONI, 1983, p. 22).

Quase simultaneamente na Inglaterra, surgem dois marcos: a primeira Revolução Industrial e a Riqueza das Nações, demiurgo do nascimento da ciência econômica, fundamentado em exemplos da sociedade inglesa que explicam a aplicação eficiente de recursos.

A objetividade torna-se uma meta da economia, e, em sua busca, o conhecimento e as relações sociais não objetivas, desprovidas da racionalidade econômica nascente, são substituídas pelas economias de escalas e maximizações de lucro, e outros aspectos da moderna administração.

A análise econômica clássica desenvolveu-se em cima do conceito de racionalidade, porém um conceito estratificado, significando obtenção da máxima vantagem econômica pessoal, fundamentado, principalmente, no utilitarismo de Bentham. Ainda

---

[4] Ibid. p. 67: Tradução. A natureza e as leis da natureza estavam ocultas na noite. Deus disse: faça-se Newton! E tudo se fez luz.

[5] A civilização que se desenvolveu na Europa na segunda metade do século XIX tendia a ter entranhada a concepção iluminista do homem, em sua progressiva transformação da natureza, em suas estruturas coletivas e em sua mais prestigiosa realização intelectual, a ciência. TAYLOR, C. *Hegel e a sociedade moderna*. Tradução de Luciana Pudenzi. São Paulo: Loyola, 2005, p. 170.

hoje, a grande maioria dos conceitos de microeconomia dizem respeito à maximização de resultados, ou incremento marginal, otimização de Pareto, e outros. O que não é mensurável não tem como representar a maximização da utilidade (autointeresse)[6], nem é racional.[7] Com a expansão mundial do Capitalismo no fim do século XIX e início do século XX, muitos países se interessaram pelo modelo de industrialização e produção de massa como modelo de desenvolvimento.

Nesse ponto, a economia afastou-se da ética, a produção, outrora uma expressão individual ou de uma classe de produtores de manufaturas, afastou-se da personalização para se tornar produção de massa; e a preocupação social ficou sublimada pela necessidade de resultados objetivos. As nações, de uma forma geral, buscaram se enriquecer, principalmente, por meio do processo de industrialização. Desenvolvimento passou a se confundir com industrialização, e, num segundo momento, confundiu-se com crescimento da produção e riqueza gerada dentro de fronteiras.

Desenvolvimento tornou-se sinônimo de crescimento. Segundo Sen (2006, p. 23), "a natureza da economia moderna foi substancialmente empobrecida pelo distanciamento crescente entre economia e ética" e o mesmo ocorreu no campo do Direito. O positivismo como ideologia viu seu apogeu nos anos 30 e 40, sendo, imediatamente, posto em xeque no pós-guerra pelo horror nazista e facista.

A racionalidade econômica clássica preponderou, vindo a se tornar a principal característica do desenvolvimento na segunda metade do século XX, fundada na cultura do crescimento econômico. Mas o que é um comportamento racional em Economia?

---

[6] Na forma clássica do utilitarismo, como desenvolvido particularmente por Jeremy Bentham, define-se a utilidade como prazer, felicidade ou satisfação, e, portanto, tudo gira em torno dessas realizações mentais. Questões potencialmente importantíssimas como a liberdade substantiva individual, a fruição ou a violação de direitos reconhecidos e aspectos da qualidade de vida não refletidos de forma adequada nas estatísticas sobre prazer não podem influenciar diretamente uma avaliação normativa nessa estrutura utilitarista. (SEN, 2012, p. 81).

[7] A concepção utilitarista está entranhada em nossas práticas e instituições, é uma maneira de pensar na qual diferentes modos de se viver em conjunto são avaliados não por algum suposto valor intrínseco, e certamente não por sua significação expressiva, mas por sua eficiência na produção de benefícios que são, no final, "consumidos" pelos indivíduos. Nesta civilização, as relações sociais e as práticas, assim como a natureza, são progressivamente objetificadas. TAYLOR, *opus cit* p. 92.

Para a Economia Clássica Liberal, comportamento racional é o que se identifica com a busca da satisfação do autointeresse, em um mundo que sobrevaloriza a eudemonia como a melhor representação do comportamento humano, ao menos em questões econômicas. As melhores escolhas são as que geram a maior satisfação, justamente o cerne da crítica de Sen:

> Por que deveria ser *unicamente* racional empenhar-se pelo autointeresse excluindo todo o resto? Evidentemente, pode não ser de todo absurdo afirmar que a maximização do autointeresse não é irracional, pelo menos não necessariamente, mas asseverar que tudo o que não for maximização do autointeresse tem de ser irracional parece absolutamente insólito.
> [...]
> Considerar qualquer afastamento da maximização do autointeresse uma prova de irracionalidade tem de implicar uma rejeição do papel da ética na real tomada de decisão [...]. (SEN, 2006, p. 31, grifo do autor).

Sen foi confirmado pela Biologia assentada em uma prova matemática, o altruísmo faz parte do desenvolvimento humano![8] As pessoas são altruístas em decorrência da seleção natural, por uma vantagem evolutiva. Para procedimentos de licitação, não se pretende que só haja altruísmo, trata-se justamente de procedimentos de competição, mas a responsabilidade social e ambiental do entre contratante e da contratada deve ser considerada no momento de planejar a contratação.

Porém, os caminhos não se pautaram pelo altruísmo. A difusão do consumismo, o incremento da produção em massa e de bens supérfluos, enfim, o "american way of life", tornou-se predominante no pós-guerra. O comportamento de consumo conduziu a mais consumo e à individualidade como forma preponderante de agir do homem contemporâneo (STAHEL, 2001).

O esforço de objetivação legou importantes ferramentas, particularmente para a economia. Com o surgimento da "contabilidade

---

[8] Ver a respeito a equação de Price. Disponível em: <http://en.wikipedia.org/wiki/Price_equation>. Acesso em 02 nov. 2013. George Price, cientista americano radicado em Londres desenvolveu uma equação matemática que prova que o altruísmo biológico faz parte da evolução humana. Mesmo que não haja altruísmo puro em razão de algum interesse sempre estar em jogo, Price provou matematicamente que o interesse próprio não é a única forma de mover a humanidade.

nacional", a riqueza de diferentes países pôde ter termos objetivos de comparação e se tornar objeto de controle dos administrados. Simon Kuznets, prêmio Nobel de Economia de 1971, fez a proposição que se tornou a medida do desenvolvimento mais difundida no século XX, o PIB – Produto Interno Bruto. Uniformizadas as normas da contabilidade nacional, foi fácil medir o fluxo e o estoque de riqueza gerados em um lapso de tempo. O PIB é um indicador sintético que possibilita a visualização do comportamento de uma economia durante um período (trimestre, semestre ou ano), correspondente à soma de todas as riquezas produzidas, deduzidas as depreciações e perdas. A partir de então, o aumento do produto nacional em relação a um período base ou ao período imediatamente anterior ficou conhecido como crescimento econômico, e o "desenvolvimento" passou a ser medido e identificado pela variação do PIB.[9] Tal entendimento refletia-se inclusive nos documentos relativos à preservação ambiental, como se pode ver pelos princípios 9 e 11 da Conferência de Estocolmo de 1972. É significativo o disposto no princípio 11: "As políticas ambientais de todos os Estados deveriam estar encaminhadas para aumentar o potencial de crescimento atual ou futuro dos países em desenvolvimento e não deveriam restringir esse potencial nem colocar obstáculos à conquista de melhores condições de vida para todos".

Como enfatizou Amartya Sen (2012, p. 125),[10] não só o desenvolvimento não é sinônimo de crescimento econômico, como

---

[9] Até o final do século XX, os manuais que servem para transmitir às novas gerações o paradigma da ciência econômica convencional (ou "normal" no dizer de Thomas Khun) tratavam despudoradamente desenvolvimento e crescimento econômico como simples sinônimos. VEIGA, J. E. da. *Desenvolvimento sustentável*. Garamond, 2010, p.19.

[10] Ao argumentar que pobreza não é só a indisponibilidade de renda, mas, principalmente, limitação das capacidades, o autor afirma: Embora valha a pena ressaltar essas relações entre pobreza de renda e pobreza de capacidades, também é importante não perder de vista o fato fundamental de que a redução da pobreza de renda não pode, em si, ser a motivação suprema de políticas de combate à pobreza. É perigoso ver a pobreza segundo a perspectiva limitada da privação de renda e a partir daí justificar investimentos em educação, serviços de saúde etc., com o argumento de que são bons meios para atingir o fim da redução da pobreza de renda. Isso seria confundir os fins com os meios. As questões básicas de fundamentação obrigam-nos, por razões já expostas, a entender a pobreza e a privação da vida que as pessoas realmente podem levar e das liberdades que elas realmente têm. A expansão das capacidades humanas enquadra-se diretamente nessas considerações básicas. Acontece que o aumento das capacidades humanas também tende a andar junto com a expansão das produtividades e do poder de auferir renda. Essa conexão estabelece um importante encadeamento indireto mediante o qual um aumento de capacidades ajuda direta e indiretamente a enriquecer a vida humana e a tornar as

a própria pobreza não pode ser vista somente pela ótica da privação de renda, ambos são muito mais do que isso. Contudo, o desenvolvimento passou a ser identificado com a possibilidade de acesso das pessoas aos recursos e bens materiais, como os indivíduos ricos dos chamados "países desenvolvidos". Nessa visão do desenvolvimento, o homem é o "transformador do mundo", capaz de submeter o meio ambiente e a natureza aos seus desejos de bem-estar. Reflete, no campo da economia, a ideia de que o homem pode tudo, todos podem ter riqueza e abundância a partir do crescimento econômico.

A realidade, em contraponto, é que o período que se seguiu entre o fim da Segunda Guerra Mundial e o início dos anos 70 do século XX foi marcado por um intenso crescimento econômico de países em processo de industrialização, como o Brasil, mas, apesar do aumento do produto e disponibilidades, enorme parcela da população continuou excluída de aspectos fundamentais da vida moderna, como acesso à educação e serviços de saúde. O ideário do desenvolvimento propalado por muitos economistas e outros cientistas sociais não se realizou, ou realizou-se apenas para alguns, ficando patente que o conceito de desenvolvimento não se restringe a crescimento econômico, é mais complexo, abrange considerações de caráter histórico, social, cultural, geográfico, ambiental, e outros.

No que tange à distribuição de renda, embora não seja um parâmetro de riqueza ou mesmo medida específica de desenvolvimento, é um importante indicador da "qualidade" do desenvolvimento.[11]

---

privações humanas mais raras e menos pungentes. As relações instrumentais, por mais importantes que sejam, não podem substituir a necessidade de uma compreensão básica da natureza e das características da pobreza. SEN, A. *Desenvolvimento como liberdade*. Tradução de Laura T. Mota. São Paulo: Cia de Bolso, 2012, p. 125.

[11] Muitos economistas acreditavam que o crescimento econômico por si levaria à melhora dos indicadores de distribuição de renda. Para eles, o "desenvolvimento econômico" passava por etapas e mesmo havendo uma maior concentração de renda no início do processo, à medida que o país crescesse o aumento geral de renda possibilitaria a melhora da distribuição. Ficou famosa a frase do ex-ministro da fazenda Delfim Neto: primeiro é necessário fazer o bolo crescer para depois reparti-lo. Essa hipótese foi formulada por Simon Kuznets na década de 1950. Kuznets propôs que a renda tenderia a uma melhor distribuição a partir de um determinado momento do desenvolvimento econômico, com trajetória tendendo para uma curva U invertida. Embora a base de dados utilizada fosse precária, fato alertado pelo autor, a ideia foi adotada por muitas escolas de economia (VEIGA, 2010, p. 42).
Com uma medição mais longa sobre bases mais confiáveis, a hipótese de Kuznets não se confirmou, mas manteve-se como elemento de políticas de desenvolvimento em países como

Como afirma Veiga (2010, p. 46): "o papel da renda e da riqueza – ainda que seja importantíssimo – tem que ser integrado a um quadro mais amplo e completo de êxito e privação". Amartya Sen (2012, p. 120) coloca essa ideia nos seguintes termos: "a pobreza deve ser vista como uma privação de capacidades básicas em vez de meramente como baixo nível de renda, que é o critério tradicional de identificação da pobreza".[12]

A disseminação do uso do PIB como indicador de desenvolvimento deve-se à facilidade de seu uso. O índice fornecido é facilmente compreendido e visualizado, e permite comparações entre países sem grandes distorções no resultado final, por fim, trata-se de um índice sintético que suporta múltiplos usos, todavia, não mede aspectos fundamentais da sociedade e acaba por tornar meramente econômico, objetivado, aquilo que deveria abordar considerações de outras ordens.

Com a publicação pelas Nações Unidas do primeiro Relatório de Desenvolvimento Humano de 1990, no qual constava um índice diferente do PIB para a avaliação do desenvolvimento, o IDH – Índice de Desenvolvimento Humano, a insuficiência da variação do PIB para representar o desenvolvimento de uma nação ficou bastante explícita. A riqueza material deixou de ser "o índice", para

---

o Brasil. Sabe-se hoje que o crescimento econômico e a distribuição de renda dependem de aspectos geopolíticos e históricos, não seguem uma trajetória pré-determinada.

[12] A teoria econômica também afetou as decisões relativas ao meio ambiente. Conforme Sachs (2009, p. 48), as preocupações com o meio ambiente tiveram um grande impulso com a chegada do homem à lua em 1969, em decorrência da tomada de consciência da finitude dos recursos da "espaçonave terra". A conferência da ONU de Estocolmo em 1972, que "colocou a dimensão do meio ambiente na agenda internacional" teve duas grandes correntes de economistas, os catastrofistas (doomsayers) e a corrente que acreditava nas soluções da ciência para todas as questões e viam, no meio ambiente e na economia, a possibilidade ampla de substituição de insumos por outros e abundância permanente (cornucopians). Para esses, "as preocupações com o meio ambiente eram descabidas, atrasariam e inibiriam os esforços dos países em desenvolvimento rumo à industrialização. Em grande escala, o meio ambiente não era uma preocupação de peso para as pessoas ricas e ociosas. A prioridade deveria ser dada à aceleração do crescimento. As externalidades negativas produzidas nesse rumo poderiam ser neutralizadas posteriormente, quando os países em desenvolvimento atingissem o nível de renda *per capita* dos países desenvolvidos. O *otimismo epistemológico* era popular entre políticos de direita e de esquerda: soluções técnicas sempre poderiam ser concebidas para garantir a continuidade do progresso material das sociedades humanas." (grifos do autor).

A ideia de que o desenvolvimento atenuaria no longo prazo os problemas ambientais é a extrapolação da ideia da curva U invertida de Kuznets de sua função na renda para uma função ecológica, o que também não se provou verdadeiro.

ser um dos componentes de uma cesta de variáveis que passaram a medir o desenvolvimento. A partir de então, diversos índices foram propostos, abrangendo múltiplas variáveis, inclusive a disponibilidade econômica. A multiplicidade de fatores que podem ser considerados para se determinar o que é desenvolvimento mostrou a complexidade do tema e o amplo campo de pesquisa possível, mas, principalmente, implicou na reflexão de que a variável econômica não pode ser a única a determinar o desenvolvimento, pois o conceito é multidisciplinar.

2.2 Desenvolvimento, um conceito multidisciplinar – Incluindo a preocupação social e a ideia de liberdade

O conceito de desenvolvimento não pode prescindir do desenvolvimento social. É pouco provável haver um Estado "desenvolvido" que não corresponda, também, a um Estado de Direito. Como afirma Humberto Ávila (2009, p.133), "a eficácia dos direitos fundamentais é uma condição conceitual necessária para a existência de um Estado de Direito minimamente desenvolvido, e a existência de um Estado de Direito minimamente desenvolvido é condição conceitual para a eficácia dos direitos fundamentais", são conceitos que se imbricam.

Com o envolvimento da ONU e a divulgação do primeiro PNUD, a visão sobre o conceito de desenvolvimento deu uma guinada, principalmente dentro do ambiente da economia. Já havia a compreensão de que o desenvolvimento é um processo complexo, mas a grande dificuldade estava em como medi-lo com praticidade considerando outras variáveis além da renda *per capita*. Veiga (2010: 83) comenta que o economista paquistanês Mahbud ul Haq, como arquiteto do relatório do PNUD, desejava "criar um indicador sintético capaz de fornecer a seus usuários uma espécie de hodômetro do desenvolvimento", e, apesar de saber da precariedade de qualquer indicador simplificado, dizia que era preciso uma medida tão simples quanto o PIB, mas que não fosse tão cega em relação aos aspectos sociais da vida humana. O IDH tem em sua base de cálculo indicadores de educação (taxa de matrícula e alfabetização), a esperança de vida ao nascer e o PIB *per capita*. Variando de nenhum desenvolvimento humano, representado por "0", a desenvolvimento total, "1,00", o índice classifica países e localidades como de baixo desenvolvimento humano (índice de zero a 0,499), médio (índice entre 0,500 e 0,7999 e alto desenvolvimento humano (índice igual ou superior a 0,800).

A facilidade criada pelo IDH ampliou a aceitação por um conceito diferenciado de desenvolvimento. Logo em seu capítulo inicial, o relatório do PNUD, de 1990, define o que seja desenvolvimento humano e expõe que é preciso modificar a noção de desenvolvimento como crescimento econômico, uma vez que este não consegue captar sequer as necessidades básicas da população, nem suas carências, valorizações e outros aspectos que passam longe das avaliações possíveis do PIB, que é cego para ver que "as pessoas são a verdadeira riqueza das nações". Medido como variação do PIB, o desenvolvimento não sinaliza qualquer avanço no sentido dos objetivos básicos das atividades humanas de atender ao homem.[13]

O relatório não deixa sombra de dúvida sobre a ineficácia do conceito de desenvolvimento como crescimento econômico. Propõe uma definição própria, o conceito de "desenvolvimento humano", que se resume em ampliação das escolhas calcada em um tripé: vida longa e saudável; ter acesso ao conhecimento e ter acesso aos recursos necessários para se ter um padrão decente de existência.[14]

---

[13] O relatório PNUD de 1990 começa assim: As pessoas são a verdadeira riqueza das nações. O objetivo básico do desenvolvimento é criar e manter um ambiente para as pessoas usufruírem de uma vida longa, saudável e criativa. Isso pode parecer uma verdade simples, mas ela foi, frequentemente, esquecida no ambiente de acumulação de *commodities* e financeiro.
Considerações técnicas de como se deve alcançar o desenvolvimento há tempos têm obscurecido o fato de que o objetivo primário do desenvolvimento é beneficiar pessoas. Há duas razões para isso.
Primeiro o produto nacional, utilizado, preferencialmente, para muitos propósitos, não revela a composição da renda ou os seus reais beneficiários. Segundo, as pessoas, frequentemente, valorizam conquistas que não aparecem completamente, ou não imediatamente nas medições de renda ou de seu crescimento: melhor nutrição e saúde, maior acesso ao conhecimento, segurança institucional, melhores condições de trabalho, segurança pública, horas de lazer e participação nas atividades econômicas, culturais e políticas da comunidade. É claro que as pessoas também querem como opção auferir rendas maiores. Mas a renda não é a soma total da vida humana. (tradução livre).

[14] A definição de desenvolvimento humano encontra-se na caixa 1.1 e tem o seguinte teor: *Human development is a process of enlarging people's choices. In principle, these choice can be*

Embora seja um avanço, o IDH ainda apresenta falhas importantes, a mais notória é ser um índice formado por uma média aritmética, que, mesmo ponderada, não mostra as reais deficiências de cada um de seus principais indicadores, a não ser que se faça um estudo analítico deles. Além disso, não inclui, por exemplo, "a capacidade de participar nas decisões que afetam a vida das pessoas e de gozar do respeito dos outros na comunidade" (VEIGA, 2010, p. 87). De fato, como demonstra Liebenberg (LIEBENBERG, 2013), o direito substancial de liberdade é condição para a realização de diversos outros direitos fundamentais, sem os quais a cidadania e a dignidade da pessoa humana ficam mitigados ou anulados. Isaiah Berlin (BERLIN, 1981) também já afirmava essa abordagem na década de 1950.

A simplicidade do IDH foi proposital. Mahbud afirmava que o índice tinha que ser sintético sob pena de não atingir ao grande público (VEIGA, 2010, p. 84) e, mesmo sofrendo críticas de alguns de seus consultores,[15] sua praticidade pode ser confirmada com a

---

infinite and change over time. But at all levels of development, the three essential ones are for people to lead a long and healthy life, to acquire knowledge and to have access to resources needed for a decent standard of living. If these essential choices are not available, many other opportunities remain inaccessible But human development does not end there. Additional choices, highly valued by many people, range from political, economic and social freedom to opportunities for being creative and productive, and enjoying personal self respect and guaranteed human rights.

Human development has two sides: the formation of human capabilities such as improved health, knowledge and skills – and the use people make of their acquired capabilities – for leisure, productive purposes or being active in cultural, social and political affairs. If the scales of human development do not finely balance the two sides, considerable human frustration may result.

According to this concept of human development, income is clearly only one option that people would like to have, albeit an important one. But it is not the sum total of their lives. Development must, therefore, be more than just the expansion of income and wealth. Its focus must be people.

[15] O UNDP tem publicado anualmente, desde 1990 – em seus *Human Development Reports*, iniciados pelo Dr. Mahbub ul Haq –, dados pormenorizados que são importantes e interessantes sobre a natureza da privação nas diferentes partes do mundo. O programa também tem proposto e apresentado algumas medidas agregadas, em particular, o Índice de Desenvolvimento Humano (IDH) e o Índice de Pobreza Humana (IPH). Esses índices agregados têm despertado mais a atenção pública do que os minuciosos e diversificados quadros empíricos que emergem das tabelas e de outras apresentações empíricas. Com efeito, conseguir a atenção do público tem sido claramente parte do objetivo do UNDP, especialmente em sua tentativa de combater a concentração excessiva na medida simples do PNB *per capita*, que, frequentemente, é o único indicador no qual o público presta alguma atenção. Para competir com o PNB, há a necessidade de outra medida, mais abrangente, com o mesmo nível de aproximação do PNB. Essa necessidade é parcialmente suprida pelo uso do IDH, assim como o IPH tem sido apresentado pelo UNDP como um rival para as medidas tradicionais de pobreza de renda. Não é minha intenção questionar os méritos desses usos concorrentes no contexto de conseguir a atenção do público (na verdade, prestei assessoria técnica ao UNDP na concepção desses dois índices). Não obstante, permanece o fato de que os *Human Development Reports* são muito mais ricos de

inaplicabilidade e descontinuidade de outros índices que refletem dimensões menos "palpáveis", como o índice de liberdade humana e de liberdade política, criados e publicados em 1991/92, que só foram publicados uma única vez.

Como exposto na nota de rodapé nº 15, Amartya Sen não estava confortável com a definição de desenvolvimento como um índice sintético. Para ele, o conceito de desenvolvimento deveria conter muito mais do que uma medida, deveria abordar aspectos fundamentais da vida humana, por isso concentrou seus esforços na ideia de "desenvolvimento como liberdade". O desenvolvimento deveria servir à ampliação das liberdades, pois "as liberdades não são apenas os fins primordiais do desenvolvimento, mas também os meios principais". (SEN, 2012, p. 25). A liberdade é um elemento constitutivo básico do desenvolvimento, por isso a expansão das capacidades das pessoas de levar o tipo de vida que elas valorizam deve ser buscada. As capacidades podem ser aumentadas por políticas públicas e, num clássico caso de *feedback*, as políticas públicas podem ser "influenciadas pelo uso efetivo das capacidades participativas do povo" (SEN, 2012, p. 33).

As diferentes formas de liberdade precisam ser reconhecidas, valorizadas e instituídas como resposta a um mundo de abundância, que, apesar disso, continuam sem solução para problemas antigos, ao mesmo tempo em que surgem problemas novos, como a pobreza extrema, a fome, diversas formas de discriminação por sexo, cor, raça, etc., governos autoritários, violências físicas e morais contra a pessoa, eliminação de culturas, dentre outras formas de opressão.

Sen alerta para a importante distinção entre "pobreza como inadequação de capacidade da noção de pobreza como baixo nível de renda". São perspectivas vinculadas, "uma vez que renda é um meio importantíssimo de obter capacidades". Assim, em sociedades consideradas "ricas", a baixa renda pode ser extremamente incapacitante, privando o indivíduo de acesso a oportunidades, serviços e convívios importantes para conseguir uma vida digna, mesmo que a renda "des se" indivíduo, em outra sociedade mais "pobre", seja considerada alta.

A liberdade para o trabalho também é um limitante que, ainda hoje, encontra resistência em muitas regiões do mundo, não

---

informação relevantes do que aquilo que se pode obter com uma concentração exclusiva nos indicadores agregados como o IDH e IPH SEN, A. *Desenvolvimento como liberdade*. Tradução de Laura T. Mota. São Paulo: Cia de Bolso, 2012, p. 402 – nota 41.

sendo raras notícias de trabalho escravo (Brasil), além do jugo de trabalhadores, crianças e esposas por "empregadores tradicionais" em países como a Mauritânia, Haiti, Índia, etc.[16] Além disso, a exclusão ou o cerceamento de mecanismos de mercado é criticada pelo autor, que aduz a empecilhos de escolha e à indicação de trabalhos forçados e em regiões geográficas distantes. Cita a crítica do economista polonês Michal Kalecki quando da queda do regime comunista na Polônia: "Sim, abolimos com êxito o capitalismo; agora só falta abolir o feudalismo" (SEN, 2012, p. 154). Também são objetos de crítica o trabalho infantil, persistente em algumas regiões, muitas vezes, pelo fato de as famílias sequer possuírem alternativas, inclusive com respeito à educação infantil e à liberdade das mulheres para procurar trabalho fora de casa.

O próprio mercado não fica isento de críticas, uma vez que os benefícios não se identificam com suas falhas, ao contrário, as condições de restrição de competição como monopólio, oligopólio, cartéis e outras distroções são tidas como empecilho à realização de capacidades. Para Sen, o número de opções disponíveis é importante, mas menos do que a qualidade das opções, que, em termos de licitações, implica ampliar o acesso de pequenos fornecedores.

Sen enfatiza que a importância da democracia e dos direitos de participação é crítica para o conceito adequado de desenvolvimento nos seguintes termos:

> Ao julgar-se o desenvolvimento econômico, não é adequado considerar apenas o crescimento do PNB e de alguns outros indicadores de expansão econômica global. Precisamos também considerar o impacto da democracia e das liberdades políticas sobre a vida e as capacidades

---

[16] Segundo a Walk Free Foundation, organização que busca elencar as regiões, países e empresas que mais se utilizam de trabalho escravo ou em condições análogas, a Mauritânia é o país que apresenta as piores condições de trabalho e os maiores índices de trabalho escravo no mundo. Ainda hoje, remanescem quase 30 milhões de trabalhadores em condição escrava ou análoga (pessoas exploradas como escravas, tráfico humano, exploração sexual ou infantil, servidão por dívida ou em decorrência do casamento e outras) e o principal problema para reduzir esse quadro vergonhoso está na falta de vontade política dos governantes dos países que apresentam as piores condições. Disponível em: <http://www.walkfreefoundation.org/>. Acesso em: 20 out. 2013.
O Brasil ocupa o lugar de número 94 de um grupo de 162 países, com cerca de 200 mil trabalhadores nessas condições degradantes. Disponível em: <http://www.globalslaveryindex.org/>. Acesso em: 20 out. 2013.

dos cidadãos. É particularmente importante, nesse contexto, examinar a relação entre, de um lado, direitos políticos e civis e, de outro, a prevenção de grandes desastres (como as fomes coletivas). Os direitos políticos e civis dão às pessoas a oportunidade de chamar a atenção eficazmente para necessidades gerais e exigir a ação pública apropriada. A resposta do governo ao sofrimento intenso do povo frequentemente depende da pressão exercida sobre esse governo, e é nisso que o exercício dos direitos políticos (votar, criticar, protestar etc.) pode realmente fazer diferença. Essa é uma parte do papel "instrumental" da democracia e das liberdades políticas. (SEN, 2012, p. 199).

Ao escrever sobre o prêmio Nobel de 1998, Veiga (2010, p.35) afirma: "Aqui está a mudança fundamental no modo de se entender desenvolvimento".[17] A ampliação das capacidades pela ampliação da democracia e das liberdades afeta a sociedade como um todo, inclusive o crescimento e a eficiência econômica. Esses aspectos são relevantes quando o assunto é contratação pública, uma vez que o volume e o poder de compras dos entes federados pode estimular setores econômicos, fomentar regiões geográficas, penalizar agentes e formas ineficientes (ou poluidoras), enfim, induzir a sociedade e o mercado a uma maior distributividade de renda, inclusive com aumento de eficiência econômica, social e ambiental.

Nessas bases, desenvolvimento está parcialmente acorde com o disposto na Constituição Federal, ao menos no que tange aos fundamentos do art. 1º, III, e aos objetivos traçados pelo art. 3º e incisos, embora não faça menção direta ao disposto nos arts. 170, VI e 225, objeto do próximo tópico.

2.3 Desenvolvimento: a inclusão do meio ambiente

Por que o meio ambiente deve fazer parte do conceito de desenvolvimento? Se o ambiente não estiver saudável, ou, como diz Lovelock, se "o planeta" não estiver "sadio", é possível manter e conquistar novos avanços socioeconômicos?

---

[17] A frase completa é: Aqui está a mudança fundamental no modo de se entender desenvolvimento. E ela, certamente, não foi exposta de forma mais sistemática e cristalida do que na série de conferências proferidas entre 1996 e 1997 pelo indiano Amartya Sen, como membro da presidência do Banco Mundial. VEIGA, J. E. da. *Desenvolvimento sustentável*. Garamond, 2010, p. 35.

Desenvolver vem da palavra envolver, significa, literalmente, ato contrário ao ato de envolver. Como ato, concerne a um acontecimento que se desenrola no tempo, transformação, alteração de uma situação em t^0 para outra em t^1 e assim sucessivamente. Mas t^1, mesmo que seja igual a t^0, difere deste ao menos por existir em t^1 e não em t^0, da mesma forma que um adulto, apesar de ser o mesmo indivíduo que a criança, daquela difere em aspectos fundamentais, principalmente em relação ao tempo. Portanto, de onde vem o novo? Do tempo? Mas, se as coisas não são como sempre foram, algo mais além do tempo as modificou e, se essa modificação se repete, deve ser nominada de maneira diferente do que alteração. A partir de uma proposição com esse sentido, Jacobs (2001, p. 23) concebe o conceito geral de desenvolvimento como: "mudança qualitativa significativa que acontece como um fluxo e de maneira acumulativa".[18] Desenvolvimento é um fluxo de criação de coisas novas, *qualitativamente* novas; o crescimento econômico, por outro lado, é um crescimento de estoque, estoque de capital, aumento quantitativo, ao passo que o cerne do desenvolvimento é um aumento de variedade, diferenciação qualitativa; em decorrência, a medida do desenvolvimento deve captar essas diferenciações.[19]

---

[18] JACOBS, JANE. *A natureza das economias*. Tradução de Paulo A. S. Barbosa. São Paulo: Beca, 2001, p. 23.

[19] Qual seria, contudo, o interesse prático dessa ideia segundo a qual o desenvolvimento decorre de diferenciações que emergem de generalidades? Basicamente, a necessidade de entender que o desenvolvimento não é uma coleção de coisas, mas sim um processo que produz coisas. Como não compreendem isso, muitos governos, suas agências de ajuda, organizações internacionais, assim como a maioria das pessoas, supõem que o desenvolvimento econômico resulta da posse de coisas como fábricas, barragens, escolas, tratores e outras – geralmente montes de coisas englobadas sob o nome de infraestrutura. No entanto, se o processo de desenvolvimento está falhando em uma cidade ou região, as coisas que lhe sejam dadas ou vendidas são apenas produtos de um processo que acontece em outro lugar. O processo não vai junto, magicamente. Pensar que as coisas, por si mesmas, são suficientes para promover o desenvolvimento cria falsas e fúteis expectativas. Pior ainda, evita providências que poderiam efetivamente promover o desenvolvimento. O que o processo exige é essencialmente pessoas criativas. E os seres humanos são naturalmente criativos. Alguns mais do que outros, quer seja por natureza, educação ou por ambos. Mas a criatividade ocorre permanentemente nos mais inesperados lugares. Infelizmente, grandes parcelas da população se veem impedidas de exercer a iniciativa e a criatividade econômica em razão de discriminações ligadas a sexo, raça, casta, religião, classe social, ideologia, etc. VEIGA, J. E. da. *Desenvolvimento sustentável*. Garamond, 2010, p.54.
[...]
O autor acrescenta na página 56: Ninguém duvida de que crescimento é um fator muito importante para o desenvolvimento. Mas não se deve esquecer que no crescimento a mudança é quantitativa, enquanto no desenvolvimento ela é qualitativa.

A variedade reflete um aspecto muito importante do desenvolvimento, ou como afirma "a correlação prática entre desenvolvimento econômico e expansão econômica é a diversidade econômica" (JACOBS, 2001, p. 75). A economia é apenas parte do conceito, a diversidade tem que ser ampla, de cultura, costumes, pessoas, interesses, biológica, de ambiente, etc. Como afirma Jacobs:

> A correlação prática entre desenvolvimento econômico e expansão econômica é a diversidade econômica. Eis o princípio que se aplica tanto a ecossistemas quanto à economia de comunidades: complexos diversificados se expandem em ambientes ricos que são criados pela utilização e reutilização diversificada da energia recebida. (JACOBS, 2001, p. 75).

A tese de Jacobs foi importante para despertar a consciência de que, se "tudo" se desenvolve, o conceito de desenvolvimento deve ser mais abrangente, inclusive, não pode se ater apenas àquilo que é senciente, deve abranger toda a natureza, vegetais e objetos inanimados, enfim, o desenvolvimento deve ser inclusivo do meio ambiente. No que tange a licitações e contratos, sendo a diversidade fundamental para qualquer tipo de desenvolvimento, em matéria de contratações pelo poder público, esse princípio também deve ser observado, diversificando-se fornecedores e opções de suprimentos, como será apontado mais adiante.

Ignacy Sachs afirma que o poder de destruição da bomba de Hiroshima levou a humanidade a refletir sobre a capacidade de destruição de toda a vida do nosso planeta, iniciando uma onda de conscientização ambiental, mas que o despertar realmente aconteceu com a chegada do homem à lua, quando ficou claro que todos nós habitamos a "espaçonave Terra", deixando patente que os recursos naturais são finitos e que o planeta merece um cuidado diferenciado (SACHS, 2000, p. 48).

Para Hannah Arendt, o lançamento do Sputnik em 1957 foi o mais importante evento de todos, mostrou a condição de finitude do homem, com o satélite, o desejo de sair da Terra transformou-se no desejo de liberdade, o planeta se tornou uma prisão, embora, até então, o mesmo planeta fosse chamado de "mãe Terra".

> Em 1957, um objeto terrestre, feito pela mão do homem, foi lançado ao universo, onde durante algumas semanas girou em torno da Terra

segundo as mesmas leis de gravitação que governam o movimento dos corpos celestes.
[...]
Este evento, que em importância ultrapassa todos os outros, até mesmo a desintegração do átomo, teria sido saudado com a mais pura alegria não fossem as suas incômodas circunstâncias militares e políticas. O curioso, porém, é que essa alegria não foi triunfal; o que encheu o coração dos homens que, agora, ao erguer os olhos para os céus, podiam contemplar uma de suas obras, não foi orgulho nem assombro ante a enormidade da força e da proficiência humanas. A reação imediata, expressa espontaneamente, foi alívio ante o primeiro 'passo para libertar o homem de sua prisão na terra'. E essa estranha declaração, longe de ter sido o lapso acidental de algum repórter norte-americano, refletia, sem o saber, as extraordinárias palavras gravadas há mais de vinte anos no obelisco fúnebre de um dos grandes cientistas da Rússia: 'A humanidade não permanecerá para sempre presa à terra'.
(...)
A banalidade da declaração não deve obscurecer o fato de quão extraordinária ela é, pois *embora filósofos tenham visto o próprio corpo do homem como a prisão da mente e da alma, ninguém na história da humanidade jamais havia concebido a terra como prisão para o corpo dos homens nem demonstrado tanto desejo de ir, literalmente, daqui* à Lua. Devem a emancipação e a secularização da era moderna, que tiveram início com um afastamento, não necessariamente de Deus, mas de um deus que era o Pai dos homens no céu, terminar com um *repúdio ainda mais funesto de uma terra que era a Mãe de todos os seres vivos sob o firmamento*?
A Terra é a própria quintessência da condição humana e, ao que sabemos, sua natureza pode ser singular no universo, a única capaz de oferecer aos seres humanos um habitat no qual eles podem mover-se e respirar sem esforço nem artifício. O mundo – artifício humano – separa a existência do homem de todo ambiente meramente animal; mas a vida, em si, permanece fora desse mundo artificial, e através da vida o homem permanece ligado a todos os outros organismos vivos. Recentemente, a ciência vem-se esforçando por tornar 'artificial' a própria vida, por cortar o último laço que faz do próprio homem um filho da natureza. O mesmo desejo de fugir da prisão terrena manifesta-se na tentativa de criar a vida numa proveta, no desejo de misturar, 'sob o microscópio, o plasma seminal congelado de pessoas comprovadamente capazes a fim de produzir seres humanos superiores' e 'alterar(-lhes) o tamanho, a forma e a função'; e talvez o desejo de fugir à condição humana esteja presente na esperança de prolongar a duração da vida humana para além do limite dos cem anos.
Esse homem futuro, que segundo os cientistas será produzido em menos de um século, parece motivado por uma rebelião contra a existência humana tal como nos foi dada – um dom gratuito vindo do nada (secularmente falando), que ele deseja trocar, por assim dizer, por algo produzido por ele mesmo. (ARENDT, 2004, p. 9). (grifos nossos).

O próprio relatório Brundtland inicia chamando a atenção para o fato de que, ao visualizar a Terra do espaço, o homem mudou sua compreensão sobre o planeta.

Outros eventos marcantes também ajudaram a chamar a atenção para o problema do meio ambiente e o uso dos recursos naturais, principalmente a partir da década de 50 do século passado.

Em 1956, King Hubbert, funcionário da Shell, previu o pico da produção de petróleo nos Estados Unidos entre 1965 e 1970, sendo inevitável o declínio posterior da produção, hipótese que ficou conhecida como a curva de Hubbert. Embora ridicularizado no início, sua hipótese se confirmou e, desde 1970, a produção de petróleo nos Estados Unidos[20] tem se reduzido ano a ano (RIFKIN, 2012, p. 36). A hipótese Hubbert pode ser extrapolada para o mundo todo, isso significa que haverá um momento a partir do qual a descoberta de novas jazidas e a produção de petróleo declinará inexoravelmente em um mundo largamente dependente da energia extraída do petróleo, que correspondia, em 2003, a cerca de 87% da matriz energética mundial. Segundo Rosa e Gomes (ROSA, 2004), o mundo deve ter alcançado o pico de Hubbert em 2005, nas estimativas mais otimistas, alcançará em 2020. Ocorre, como afirma Rifkin (2012, p. 35), que "praticamente toda atividade comercial em nossa economia global depende do petróleo e outras energias vindas dos combustíveis fósseis", dessa forma, sua escassez significa mais disputa por água, alimentos, saúde e demais insumos da sociedade moderna.

Em 1957, Roger Revelle e Hans Suess publicaram um trabalho alertando para o risco de aquecimento global em decorrência da emissão de dióxido e monóxido de carbono pelo homem. Concluíram que os oceanos tinham uma capacidade decrescente de absorver tais gases, pois, para serem absorvidos, os gases têm que se partir em um dos componentes do ácido carbônico (íon de carbonato, íon de bicarbonato ou no próprio ácido carbônico), o que

---

[20] Dados relativos à extração de óleo cru. A produção americana de hidrocarbonetos tem crescido não em função dos poços de petróleo tradicionais, mas da produção de "shale gás", ou gás de xisto, extraído principalmente com a utilização da técnica conhecida como fracionamento hidráulico, com alto risco de contaminação ambiental, particularmente de lençóis freáticos em função da injeção no solo de água com areia em alta pressão, misturadas a ingredientes químicos com alto teor de toxicidade. Alternativa mais moderna e considerada mais segura é a da técnica de *re-fracking*, que ao invés de utilizar produtos químicos utiliza microesferas plásticas.

ficou conhecido como efeito Revelle ou efeito tampão. Embora esse alerta já tenha mais de 50 anos, muito pouco se fez para se deter os efeitos catastróficos do aquecimento global.

Em 1962, foi lançado o livro de Rachel Carson, "Primavera Silenciosa", que se tornou um *best seller* inflamando a discussão ambiental na década de 60, tendo por resultado o banimento do uso do DDT nos Estados Unidos. A discussão sobre meio ambiente havia iniciado, mas ainda não tomara pauta na agenda internacional, o que ocorreu em 1968 quando foi fundado o Clube de Roma, que patrocinou o relatório Meadows, publicado com o título "Os limites do crescimento".

Foram marcos importantes: o encontro Founex de 1971 e a Conferência de Estocolmo de 1972, em ambos havendo antagonismo entre aqueles que entendiam que os recursos naturais deviam ser preservados e o crescimento econômico contido em prol do meio ambiente e, em contraposição, os que consideravam descabidas as preocupações com o meio ambiente, principalmente sob o argumento de que "atrasariam e inibiriam os esforços dos países em desenvolvimento rumo à industrialização (SACHS, 2000, p. 50). Embora dissonantes, as partes conseguiram gerar um importante relatório em Estocolmo, germinando a semente da sustentabilidade e da necessidade de discussão da utilização e conservação dos recursos naturais, determinando medidas tímidas mas importantes, impulsionadas pelo choque do petróleo, como a substituição de combustíveis[21] e a preocupação com o aumento da eficácia de estruturas produtivas.

---

[21] O choque do petróleo de 1973 trouxe imensas dificuldades ao balanço de pagamentos do Brasil. Grande importador de petróleo e dependente de recursos externos para financiar seu crescimento. Na década de 1970, o Brasil baseava sua política de desenvolvimento econômico no modelo de substituição de importações, e o dispêndio de energia no baixo custo do petróleo no mercado mundial. Com o choque do petróleo, o mundo entrou em recessão, limitando a capacidade do Brasil de vender seus produtos, que de outro lado tinham forte concorrência de outros países produtores de *commodities*. Além disso, as duas principais taxas de juros internacionais, Libor e Prime, iniciaram uma curva ascendente cujo pico só ocorreu em 1981, "enxugando" os mercados internacionais, encarecendo sobremaneira o "serviço da dívida".
Incentivado pelo baixo valor do açúcar e do álcool no mercado internacional e baseado no modelo substitutivo de importações, o Brasil lançou, em novembro de 1975, o programa Pró-álcool, por meio do Decreto nº 76.593/75, pretendendo reduzir as importações de petróleo, incentivar a indústria sucroalcooleira, diminuir o custo das importações de petróleo e reduzir a necessidade de moedas "fortes". Apesar das descontinuidades e dos problemas enfrentados em quase 40 anos do lançamento do álcool como combustível automotivo, o

São também do início dos anos 70 as manifestações de Georgescu-Roegen no sentido de que a economia deveria considerar não mais os princípios da física mecânica, mas da termodinâmica, principalmente para entender que o sistema econômico não é fechado,[22] equilibrado,[23] ou com a possibilidade de reversão de fluxos, mas é um sistema aberto de sentido único, no qual o processo desenvolve-se sempre de acordo com a "flecha do tempo", na direção do aumento da entropia, ou, sintetizando, de que a "luta econômica do homem se concentra na baixa entropia do seu ambiente" (Georgescu-Roegen, 2008, p. 57). Tanto um ser vivo precisa constantemente reduzir sua entropia pelo consumo de baixa entropia dos alimentos, quanto o processo econômico depende de fontes energéticas de baixa entropia para movimentar qualquer equipamento. Na economia, os produtos finais sempre serão algo de interesse, consequentemente, de baixa entropia e um resíduo, em estado entrópico alto, inaproveitável ou dependente de nova fonte energética para sua reciclagem.

Para Georgescu-Roegen, o erro dos economistas clássicos está justamente em basear sua ciência na teoria do valor-utilidade, medida que não reflete a realidade do sistema, quando, na verdade, o valor deveria ser medido pela geração de entropia do sistema.

Em sua premissa, como o consumo de baixa entropia supera muito a capacidade de geração de baixa entropia, em algum momento do futuro, a humanidade deverá reduzir o crescimento, senão por outro motivo, porque haverá falta de energia. Outro

---

programa, ainda hoje, recebe elogios, como o feito por Jeremy Rifkin no prefácio à edição brasileira de seu livro "A terceira revolução industrial". Rifkin afirmou: "o Brasil tem o mais avançado regime de energias renováveis do mundo. Mais de 90% da eletricidade é gerada por hidroelétricas, e todo transporte contém ao menos 18% a 25% de etanol".
A utilização de álcool combustível sofreu novo revés após a descoberta das reservas de petróleo do "pré-sal", quando por opção política o governo impôs a manutenção dos preços da gasolina em patamares incompatíveis com os preços internacionais, principalmente em face do valor do barril de petróleo cobrado nos principais mercados, gerando enormes prejuízos para a Petrobrás e à insolvência de inúmeras usinas alcooleiras, exarcerbando o consumo da gasolina, muito mais poluente que o álcool.
Contudo é preciso reconhecer que o Pró-álcool acabou sendo um grande programa de redução de gases de efeito estufa.

[22] Segundo o autor, "em todo o sistema fechado, a matéria utilizável degrada-se irrevogavelmente em matéria não utilizável". GEORGESCU-ROEGEN, N. *O decrescimento: entropia, ecologia, economia*. Tradução de João Duarte. Lisboa: Piaget, 2008, p. 151.
[23] Conforme Prigogine, o equilíbrio é apenas um dos estados possíveis, por isso uma exceção, a regra é o desequilíbrio, como nos sistemas termodinâmicos. PRIGOGINE, Y. *O fim das certezas*: tempo, caos e as leis da natureza. Tradução de Roberto L. Ferreira. São Paulo: Unesp. 2011.

problema é que economistas trabalham com um horizonte de tempo muito curto, enquanto a natureza tem outra dimensão temporal. Georgescu-Roegen não aceita sequer a solução estacionária, afirmando que não adianta o mundo parar de crescer consumindo muito mais do que a Terra pode gerar de baixa entropia. Para ele, os únicos caminhos são: descobrir uma forma de utilizar as energias e resíduos de alta entropia, sem que o processo consuma uma quantidade maior de baixa entropia, ou o "decrescimento".

Também se tornaram marcos a Convenção de Berna sobre a proteção de *habitats*, a Convenção de Genebra sobre a poluição atmosférica, o Procolo de Helsinque sobre a qualidade do ar, a Comissão Mundial do Meio Ambiente e Desenvolvimento, e o Protocolo de Montreal sobre a camada de ozônio, mas o debate em favor do meio ambiente ainda carece de uma legitimação e da confirmação de dados científicos.

Em 1987, foi apresentado o relatório "Brundtland", nomeado "o nosso futuro comum", chamando a atenção para a urgência e importância do tema meio ambiente, tentando angariar apoio para a Conferência do Rio de Janeiro de 1992. O relatório tornou conhecida a expressão desenvolvimento sustentável, confirmada no princípio nº 1 da Declaração do Rio de Janeiro.

> A humanidade é capaz de tornar o desenvolvimento sustentável de garantir que ele atenda às necessidades do presente sem comprometer a capacidade de as gerações futuras atenderem também às suas. O conceito de desenvolvimento sustentável tem, é claro, limites – não limites absolutos, mas limitações impostas pelo estágio atual da tecnologia e da organização social, no tocante aos recursos ambientais, e pela capacidade da biosfera de absorver os efeitos da atividade humana. Mas tanto a tecnologia quanto a organização social pode ser gerida e aprimorada a fim de proporcionar uma nova era de crescimento econômico. Para a Comissão, a pobreza generalizada já não é inevitável. A pobreza não é apenas um mal em si mesma, mas para haver desenvolvimento sustentável é preciso atender às necessidades básicas de todos, e dar a todos a oportunidade de realizar suas aspirações de uma vida melhor. Um mundo onde a pobreza é endêmica estará sempre sujeito a catástrofes ecológicas ou de outra natureza. (BRUNDTLAND, 1991, p. 9).

Embora as evidências apontassem para um colapso da natureza num futuro não distante,[24] muitos cientistas, principalmente

---

[24] Renomados cientistas, como James Lovelock, sinalizavam em seus meios que as alterações no meio ambiente causadas pela ação humana poderiam levar o planeta a um colapso em

economistas, argumentavam sobre o poder da ciência para alterar o rumo das coisas, afirmando que o desenvolvimento de novas tecnologias ou o peso dos mercados impediriam o colapso natural por meio da substitubilidade dos insumos e produtos. Proliferaram, nessa época, estudos afirmando a tendência da curva U invertida de Kuznets, dentro de uma relação renda *vs* meio ambiente, chegando alguns a afirmar que o ponto de inflexão se daria com uma renda média *per capita* de U$ 8,000.00 (VEIGA, 2010, p. 110).

Exatamente em 1987, Robert Solow foi agraciado com o prêmio Nobel de Economia por suas contribuições para a teoria do crescimento econômico que reforçam as teses dos "cornucopians". Naquela época, Solow afirmava que a natureza não seria nunca um empecilho ao crescimento econômico, pela simples razão de que as limitações seriam substituídas ou haveria uma recombinação dos elementos fundamentais da produção: recursos naturais, capital humano ou capital. A substitutividade é o fator que mantém o estoque de capital igual para gerações presentes e futuras. O progresso técnico é a solução para a substitubilidade dos recursos necessários para a produção, mesmo que, eventualmente, haja alguma escassez, esta será mediada pelo mercado. Mas Solow também afirmou a necessidade de calcular PIBs e PNBs "verdes", chamados, por ele, de produtos internos ou nacionais "líquidos" (VEIGA, 2010, p. 123).

Esse debate abriu caminho para a questão da valoração dos bens ambientais, de forma que se pudesse atribuir um custo pela deterioração ambiental, inserindo a proteção do meio ambiente no mercado, como forma de precificar para onerar aqueles que decidissem interferir no meio ambiente. Na concepção neoclássica da economia, o mercado teria condições de regular, também, a utilização dos recursos naturais, o que passou a ser aplicado a questões simples de poluição ambiental, mas também a casos de extinção de espécies.

Contudo, a lógica econômica em voga continuava sendo a do valor utilidade, não a proposta por Georgescu-Roegen, dessa forma, não se podia precificar aquilo que sequer apresentava uma utilidade específica ou custo de produção.[25] Efeito prático dessa mentalidade

---

decorrência da exploração acentuada de recursos. LOVELOCK, James. *A vingança de Gaia*. Tradução de Ivo Korytowski. Rio de Janeiro: Intrínseca, 2006.

[25] Como afirma Veiga: Isto quer dizer que só podem ter valor econômico e, portanto, preço, bens que sejam produtíveis e apropriáveis. Tais bens representam uma ínfima parcela do

se encontra na contabilidade nacional. A "renda" nacional acresce ao seu montante a extração e utilização de produtos naturais, inclusive aqueles que foram extraídos, como minérios, madeiras etc., por outro lado, não há a redução do estoque daquilo que foi extraído. A conta para fechar deveria considerar perda do estoque. Mas o conceito de renda é estático, deve ser possível repeti-lo no período seguinte, o que não é possível nas atividades extrativas. Por esse cálculo, a extração de uma árvore considera todo o seu valor de venda, sem abater a perda biológica, inclusive do ecossistema ao redor. Essa constatação é bastante crítica considerando-se o objeto da ciência econômica (estudo da alocação eficiente de recursos e de sua escassez), mas também é muito estranho que permaneça assim em muitos países, particularmente no Brasil.

Considerando-se a legislação atual, não seria mais possível essa forma de contabilidade, senão veja-se exemplificativamente.

Até um determinado momento da história, poderia ser razoável a não consideração do custo ambiental, pela titularidade do direito nos casos de indefinição de sujeitos ou afetação a uma multiplicidade indefinida, uma vez que o meio ambiente era classificado como *res nullius* até a promulgação da Constituição de 1988. Certos bens eram considerados de ninguém, *v.g.*, na Constituição de 67, em seu artigo 4º, somente pertenciam à União as terras devolutas, indispensáveis para a defesa nacional ou interessantes para o desenvolvimento nacional. Na Constituição de 46, em seu artigo 35, somente há referência às terras devolutas que interessam à defesa nacional. Já o Código Civil de 1916 limitava-se a dizer o que era bem de uso comum do povo. A abundância, a falta de titularidade e o desinteresse pelo bem levam à perda de valor pela própria lei econômica da oferta e procura.

Somente a partir da Constituição de 1988, o meio ambiente tornou-se bem de uso comum do povo (artigo 225, *caput*), e as terras devolutas, particularmente aquelas de interesse para a preservação do meio ambiente, pertencem à União, conforme o art. 20, II. Além disso, a Lei nº 12.651/12 – Código Florestal, atribui a qualificação de bem de interesse comum (art. 2º, *caput*) às florestas existentes e às

---

universo formado por todos os seres vivos e objetos que compõem a biosfera. VEIGA, J. E. da. *Desenvolvimento sustentável*. Garamond, 2010, p. 128.

demais formas de vegetação nativa, reconhecidas de utilidade as terras que revestem. A Constituição elevou o meio ambiente ao nível de bem essencial, na verdade, um direito fundamental, que, só por isso, merece proteção especial. Se o interesse é maior e a disponibilidade menor, a lei de mercado tende a elevar o valor das coisas e sua indisponibilidade significa redução de capital, não acréscimo.

Isso refletiu inclusive na forma de defesa desses bens, embora, em alguns casos, as alterações processuais e substantivas não dissessem respeito exclusivamente ao meio ambiente. A atribuição de titularidade a bens antes considerados de ninguém, e o surgimento de novos instrumentos processuais, alterou o panorama de defesa do meio ambiente. Ao menos quanto à instrumentalidade processual de tutela de direitos transindividuais. Soluções surgiram com as modificações da estrutura do processo introduzidas por instrumentos como a Lei da Ação Civil Pública, Código de Defesa do Consumidor, dentre outras. Particularmente, a Lei nº 7.347/85 expressamente dispôs, no seu art. 1º, sua regência quanto aos danos patrimoniais e morais ao meio ambiente.

A forma clássica de solução de problemas da responsabilidade civil é suficiente para indicar que, mesmo um bem difuso, quando possível uma indenização, é porque o bem tem valor indenizável, independentemente do trabalho humano, portanto, sua extração deveria ser valorada, ou seja, se a perda deve ser indenizada (reposto o *status quo ante*), é porque não houve lucro, mas somente a reposição do valor perdido, o saldo final, relativamente ao bem "em si" é zero. Contudo, a perda do ambiente, considerando, por exemplo, o entorno e outras perdas não "visíveis" (principalmente biológicas), implicam, em geral, uma redução patrimonial.[26]

A mesma espécie de cálculo deve ser considerada no caso de extinção de espécies. Nesses casos, a indenização clássica não repõe o *status quo ante* por impossibilidade fática, colapsando em significativa quantidade de casos, sendo necessário que a tutela civil ambiental prime por uma ação *ex ante* do fato, pressupondo o risco da atividade de forma objetiva, justamente para evitar a deterioração cuja restauração poderá ser impossível.[27] São casos em que o valor do

---

[26] É o caso de se avaliar o interesse pelo bem de troca, cuja escassez pode levar a uma soma zero.
[27] No dizer de Édis Milaré, [...] o dano ambiental é de *difícil reparação*. Daí que o papel da responsabilidade civil, especialmente quando se trata de mera indenização (não importa seu valor), é sempre insuficiente. Por mais custosa que seja a reparação, jamais se

bem não tem paridade com a utilidade ("valor") da perda, uma vez que a afetação do meio ambiente, e, consequentemente, da sociedade se dá de forma plúrima. Em economia, trata-se de uma externalidade não contabilizada, uma correção necessária a ser encaminhada nos procedimentos de contabilidade nacional.

A legislação delimitou o objeto da proteção ambiental por meio de definições legais, *v.g.* o artigo 3º da Lei nº 6.938/81, por um conceito bastante abrangente[28] que inclui o espaço silvestre, rural e urbano; o ar, a água, o solo e o subsolo; os hábitos, migrações, ciclos, culturas e demais manifestações da vida. Meio ambiente é, segundo o inciso I, "o conjunto de condições, leis, influências e interações de ordem física, química e biológica, que permite, abriga e rege a vida em todas as suas formas"; a degradação da qualidade ambiental, definida no inciso II, é "a alteração adversa das características do meio ambiente", e, poluição é a degradação da qualidade ambiental resultante de atividades que direta ou indiretamente prejudiquem a saúde, a segurança e o bem-estar da população, criem condições adversas às atividades socioeconômicas; afetem negativamente a biota e as condições estéticas ou sanitárias do meio ambiente; e lancem matérias ou energia em desacordo com os padrões ambientais. A lei também define o poluidor como sendo aquele que é direta ou indiretamente responsável pela atividade causadora da degradação ambiental, identificando os recursos ambientais como a atmosfera,

---

reconstituirá a integridade ambiental ou a qualidade do meio que for afetado. Por isso, indenizações e compensações serão sempre mais simbólicas do que reais, se comparadas ao valor intrínseco da biodiversidade, do equilíbrio ecológico ou da qualidade ambiental plena. A prevenção nesta matéria – aliás, como em quase todos os aspectos da sociedade industrial – é a melhor, quando não a única solução. MILARÉ, É. *Direito do ambiente*: doutrina – jurisprudência – glossário. 4. ed. São Paulo: Ed. RT, 2005, p. 739.

[28] Segundo Leite e Ayala, o sentido jurídico do conceito de meio ambiente tem quatro aspectos:
a) A lei brasileira adotou um conceito amplo de meio ambiente, que envolve a vida em todas as suas formas. O meio ambiente envolve os elementos naturais, artificiais e culturais;
b) O meio ambiente, ecologicamente equilibrado, é um macrobem unitário e integrado. Considerando-o macrobem, tem-se que é um bem incorpóreo e imaterial, com uma configuração também de microbem;
c) O meio ambiente é um bem de uso comum do povo. Trata-se de um bem jurídico autônomo de interesse público; e,
d) O meio ambiente é um direito fundamental do homem, considerado de quarta geração, necessitando, para sua consecução, da participação e responsabilidade partilhada do Estado e da coletividade. Trata-se, de fato, de um direito fundamental intergeracional, intercomunitário, incluindo a adoção de uma política de solidariedade.
LEITE, J. R Morato. AYALA, P. de Araújo. *Dano ambiental*: do individual ao coletivo extrapatrimonial: teoria e prática. 4. ed. São Paulo: RT, 2011, p. 93.

as águas interiores, superficiais e subterrâneas, os estuários, o mar territorial, o solo, o subsolo, os elementos da biosfera, a fauna e a flora. Ora, a atividade permitida ou concedida de exploração do meio ambiente não deixa de realizar ao menos alguma forma de degradação, portanto, o valor pago não acresce, mas apenas repõe, quando repõe. Por essa ótica, diversos setores não acrescem o capital nacional. Consumo e renda diferem, renda deve se manter, ser repetida no período seguinte, consumo "con-some".[29]

As preocupações com o meio ambiente mudaram de patamar a partir do relatório Brundtland e, principalmente, da Conferência Rio-92. O problema da camada do ozônio atingiu ao grande público, assim como o aquecimento global. As empresas começaram a se preocupar com a imagem que tinham relativamente à sua pegada ambiental e, já em 1993, a International Organization for Standardization (ISO) iniciou o desenvolvimento de uma norma ambiental (ISO-14000), e o aquecimento global repercutiu globalmente com o fortíssimo calor do verão europeu de 2003, entrando de vez na pauta das discussões científicas e políticas. Já em 2005, o próprio STF julgou a ADI nº 3540/DF, sobre a independência da atividade econômica em relação ao meio ambiente, afirmando, no acórdão, que a "atividade econômica não pode ser exercida em desarmonia com os princípios destinados a tornar efetiva a proteção ao meio ambiente".[30]

---

[29] Conforme Veiga, a capacidade produtiva que deve ser mantida intacta tem sido tradicionalmente entendida somente como capital construído pelo homem, excluindo-se o capital natural.
Tem-se habitualmente computado o capital natural como um bem livre. Isto até poderia se justificar no mundo relativamente vazio de antigamente. Mas, no repleto mundo de hoje, nada existe de mais antieconômico. E esse erro de implicitamente contabilizar o capital natural como renda domina três âmbitos cruciais: o sistema de Contas Nacionais, a avaliação de projetos que exaurem capital natural e a contabilidade do balanço internacional de pagamentos. VEIGA, J. E. da. *Desenvolvimento sustentável*. Garamond, 2010, p. 139.

[30] ADI 3540 MC/DF, julgada em 01 set. 2005. [...] A ATIVIDADE ECONÔMICA NÃO PODE SER EXERCIDA EM DESARMONIA COM OS PRINCÍPIOS DESTINADOS A TORNAR EFETIVA A PROTEÇÃO AO MEIO AMBIENTE. – A incolumidade do meio ambiente não pode ser comprometida por interesses empresariais nem ficar dependente de motivações de índole meramente econômica, ainda mais se se tiver presente que a atividade econômica, considerada a disciplina constitucional que a rege, está subordinada, dentre outros princípios gerais, àquele que privilegia a "defesa do meio ambiente" (CF, art. 170, VI), que traduz conceito amplo e abrangente das noções de meio ambiente natural, de meio ambiente cultural, de meio ambiente artificial (espaço urbano) e de meio ambiente laboral. Disponível em: http://www.stf.jus.br/portal/jurisprudencia/listarJurisprudencia.asp?s1=%28ambiental+e+sustent%E1vel%29&base=baseAcordaos&url=http://tinyurl.com/qdbj5gz. Acesso em: 25 mai. 2013.

Entretanto, o argumento mais bem elaborado em favor do meio ambiente viria de terras inglesas. Em junho de 2005, o Sr. Gordon Brown, então ministro das finanças do governo inglês (chancellor of the Exchequer), futuro Primeiro Ministro britânico, encomendou ao economista Nicholas Stern um estudo sobre os impactos das alterações climáticas sobre a economia, como forma de antecipar os desafios econômicos e sociais que a humanidade poderia enfrentar nos próximos anos. O estudo resultou no chamado Relatório Stern, que detalhou as implicações que as alterações climáticas decorrentes do aumento da temperatura média do planeta imporão à economia. Concluiu que as mudanças determinarão enormes custos aos agentes e governos, e levarão a uma grande deterioração das condições de vida de toda a população mundial, alterando sensivelmente o meio físico, principalmente pela elevação dos níveis dos oceanos e pela alteração de "dimensões chave", tais como a alternância entre períodos de seca e de chuvas, e inundações, verões muito quentes seguidos de ondas de frio inusitadas, ventos mais fortes com ocorrência mais frequente, aumento da umidade, dentre outras, que tendem a afetar as populações, piorando a qualidade da vida de enorme contingente humano, principalmente dos países mais pobres, levando, ainda, a maciços movimentos de êxodo populacional, migração de populações inteiras, por exemplo, de áreas inundadas pelo mar ou outras que, com a elevação das temperaturas médias, vierem a apresentar condições inclementes para os povos, fauna e flora locais.

O relatório demonstrou que o montante de investimento necessário para reduzir os efeitos do aquecimento global serão significativamente menores se forem feitos no momento atual, comparado com a sua postergação pela manutenção do atual padrão de vida, invocando a necessidade premente de ações e mudanças de hábitos que reduzam de forma drástica as emissões de gases de efeito estufa.

O combate às causas das alterações climáticas é um dos caminhos a seguir, outro, não menos importante, e que deve ocorrer simultaneamente às ações de mitigação das causas de emissão dos gases de efeito estufa, é motivar condutas que viabilizem a adaptação das pessoas às novas condições climáticas que surgirão com as elevações das temperaturas médias.

O relatório concluiu que o custo de reduzir imediatamente as emissões de gases do efeito estufa é muito menor do que o custo de não agir, afirmando, claramente, que o "adiamento se tornaria uma estratégia anticrescimento" (STERN, 2010, p. 11), alternativa desaconselhada, pois os dois maiores desafios da humanidade no século XXI serão a redução da pobreza, que para o desenvolvimento econômico é fundamental, e evitar uma provável mudança radical do clima pelo aquecimento global. Ambas as tarefas não podem ser dissociadas.

> Se não conseguirmos controlar a mudança climática, prejudicaremos o desenvolvimento. Se tentarmos dar continuidade ao processo de desenvolvimento como se a mudança climática não estivesse ocorrendo, isto é, se não nos adaptarmos, colocaremos em risco o desenvolvimento. Se tentarmos separar os projetos ou programas entre os que estão relacionados ao desenvolvimento e aqueles que estão relacionados à mudança climática, ou mesmo se tentarmos definir exatamente quais são os elementos de um ou de outro, arriscamo-nos a gerar confusão, ruptura e incoerência. Devemos nos comprometer com *ambas as* questões [...]. (STERN, 2010, p. 60, grifo do autor).

Veiga e Vale (2008, p. 83), no artigo "Economia política do aquecimento global", fazem-se algumas perguntas: "Qual o nível de emissões antrópicas de CO_2 que provocará mudanças climáticas?"; "Qual nível de redução pode ser aspirado?"; "Quanto custará o programa de redução das emissões de gases de efeito estufa?"; "Como negociar ações específicas entre nações, de forma que se consiga efetivar um projeto de redução das ações que resultam no aumento do aquecimento global?".

A ciência ainda não tem respostas precisas para essas perguntas, mas é praticamente um consenso que um dos limites de poluição do ar com dióxido de carbono, principal gás antrópico, além do qual o aquecimento global será não só inevitável como desastroso, é o nível de 450 partes por milhão,[31] contudo, já em 2005, o mundo atingiu a assombrosa cifra de 379 ppm³, a maior taxa dos últimos 650 mil anos,[32] pela medição em gelo, e a média de crescimento anual, entre 1995 e 2005, foi a maior desde o início das medições

---

[31] VEIGA, José Eli da. *Aquecimento global*: frias contendas científicas. São Paulo: Senac, 2008, p. 84.
[32] Conforme o site da revista Veja, reproduzindo dados do observatório Mauna LOA no Havaí, o mundo ultrapassou a marca de 400ppc em 10/05/13. Disponível em: <http://veja.abril.com.br/noticia/ciencia/concentracao-de-co2-na-atmosfera-ultrapassa-marca-pre-historica>. Acesso em 26 mai. 2013.

em 1960,[33] permitindo inferir que o nível crítico está próximo. Em relação ao metano, provindo principalmente da agricultura e pecuária, atingiu, em 2005, o montante de 1.774 partes por bilhão. Na era pré-industrial, esse nível era de 715 ppb e a média nos últimos 650 mil anos foi entre 320 e 790 ppb. Por esses dados, vê-se que o índice atual é, acentuadamente, superior à média histórica, muito crítico em termos de projeção do futuro climático.[34]

Os dados acima são uma projeção feita pelo IPCC de 2007, mas o IPCC 2013 os confirmou (conforme PNUMA),[35] e são apenas exemplos de indicadores críticos que mostram ser urgente uma ação drástica para mudança dos padrões de uso da natureza, sob pena das gerações futuras, quiçá atuais, presenciarem uma profunda transformação no meio ambiente com sérias implicações para a vida, incluindo a fome, falta aguda de água e redução massiva da biodiversidade.

A temperatura média da Terra registrada nos onze anos, que vão de 1995 a 2006, está entre as doze mais elevadas da série de registros feitos nos últimos 150 anos, a temperatura média do ano de 2015 foi a mais elevada da história e a taxa de aquecimento dos últimos 50 anos é igual ao dobro da taxa de aquecimento dos últimos 100 anos, levando a um acentuado aumento dos oceanos, pois a maior parte da energia gerada por esse aquecimento está sendo absorvida pelos oceanos, variando a temperatura inclusive em profundidades de 3000 metros. Além do degelo das calotas polares, das montanhas e de partes da Groelândia e outras áreas geladas, os oceanos também se elevam pelo aquecimento das águas que se expandem com o aumento de sua temperatura.[36]

A conclusão do IPCC 2007 é que o aquecimento é uma realidade, tem causas antrópicas e influenciará enormemente a sociedade humana, *in verbis*:

> A maioria dos aumentos das temperaturas médias globais observadas desde a metade do século 20 é provavelmente devido à concentração de gás estufa antropogênico. Isto é um avanço desde a conclusão do TAR

---

[33] IPCC 2007.
[34] IPCC 2007.
[35] Disponível em: <http://www.brasilpnuma.org.br/index.html>. Acesso em: 01 nov. 2013.
[36] IPCC 2007.

que "a maior parte do aquecimento observado durante os últimos 50 anos provavelmente ocorreu devido ao aumento da concentração do gás estufa". As influências humanas perceptíveis agora se estendem a outros aspectos do clima, incluindo o aquecimento dos oceanos, as temperaturas médias continentais, as temperaturas extremas e os padrões de vento.

Impressiona a afirmação de que as emissões antropogênicas de dióxido de carbono continuarão a contribuir para o aquecimento e elevação do nível do mar por mais de mil anos. Os efeitos da ação humana em relação ao clima são considerados certos, incluindo uma tendência inequívoca de aquecimento climático, aumento dos níveis dos oceanos pela elevação das temperaturas médias da Terra, que tem variado entre, aproximadamente, 0,19 e 0,3 cm por ano; uma efetiva possibilidade de aumento da temperatura da Terra, durante o século XXI, com média de elevação nos cenários mais graves de até 3,8ºC, havendo picos de variação, principalmente próximo aos polos, de até 7,5ºC; e, grande possibilidade de que haverá derretimento glacial e aumento nas secas, ciclones tropicais e marés altas.

O relatório Stern, tem por principal conclusão a de que medidas de atenuação dos efeitos do aquecimento global devem ser implementadas urgentemente, para reduzir os impactos na segunda metade do século XXI,[37] o que pode ser conseguido com a destinação de cerca de 1% do PIB mundial anual, porém, a demora em sua implementação elevará a quantia demandada de forma exponencial, lembrando que o nível de alteração climática não deveria exceder determinado patamar, sob pena de irreversibilidade,[38] afetando,

---

[37] *The effects of our actions now on future changes in the climate have long lead times. What we do now can have only a limited effect on the climate over the next 40 or 50 years. On the other hand what we do in the next 10 or 20 years can have a profound effect on the climate in the second half of this century and in the next. No-one can predict the consequences of climate change with complete certainty; but we now know enough to understand the risks. Mitigation – taking strong action to reduce emissions – must be viewed as an investment, a cost incurred now and in the coming few decades to avoid the risks of very severe consequences in the future. If these investments are made wisely, the costs will be manageable, and there will be a wide range of opportunities for growth and development along the way. For this to work well, policy must promote sound market signals, overcome market failures and have equity and risk mitigation at its core. That essentially is the conceptual framework of this Review.* STERN, N (coord.). Stern Review: the economics of climate change. Disponível em: <http://mudancasclimaticas.cptec.inpe.br/~rmclima/pdfs/destaques/sternreview_report_complete.pdf, p. II>. Acesso em 27 fev. 2014.

[38] Para James Lovelock, a terra pode já ter atingido um patamar de aquecimento irreversível. LOVELOCK, James. *A vingança de Gaia*. Tradução de Ivo Korytowski. Rio de Janeiro: Intrínseca, 2006, p. 146.

principalmente, as populações mais pobres.[39] Na segunda parte do relatório, o texto é enfático em afirmar que a mudança climática afetará os elementos essenciais da vida, tais como disponibilidade de água, produção de alimentos, manutenção da saúde, o meio ambiente, etc., de forma extremamente profunda, inclusive pelo aumento de doenças, particularmente tropicais (STERN, 2014, p. 79).

Ainda assim, mesmo que se minimizem os efeitos do aquecimento global, os efeitos das mudanças climáticas não mais poderão ser evitados, razão pela qual será necessário um esforço extra de adaptação, principalmente pelos países em desenvolvimento. São as seguintes as principais conclusões do relatório:

I. uma ação forte e imediata para enfrentar as mudanças climáticas trará benefícios que ultrapassam de longe os custos de não fazer nada;

II. alterações no clima afetarão os elementos básicos da vida da população: disponibilidade de água, produção de alimentos, saúde e o ambiente;

III. o custo e riscos da mudança climática têm uma proporção de 5-20% do PIB mundial por ano, porém, reduzir os gases que provocam o efeito estufa custa apenas 1% do PIB mundial por ano.

IV. a decisão de investir nos próximos 20 anos impactarão profundamente o clima na segunda metade do século XXI e o próximo, criando ou não desequilíbrios econômicos e sociais equivalentes aos das guerras mundiais;

V. a continuidade das emissões nos volumes atuais dobrará até 2035 o percentual de gases do efeito estufa relativamente ao período anterior à Revolução Industrial, aumentando a temperatura média

---

[39] *The impacts of climate change are not evenly distributed – the poorest countries and people will suffer earliest and most. And if and when the damages appear it will be too late to reverse the process. Thus we are forced to look a long way ahead.*
Climate change is a grave threat to the developing world and a major obstacle to continued poverty reduction across its many dimensions. First, developing regions are at a geographic disadvantage: they are already warmer, on average, than developed regions, and they also suffer from high rainfall variability. As a result, further warming will bring poor countries high costs and few benefits. Second, developing countries – in particular the poorest – are heavily dependent on agriculture, the most climate-sensitive of all economic sectors, and suffer from inadequate health provision and low-quality public services. Third, their low incomes and vulnerabilities make adaptation to climate change particularly difficult. Because of these vulnerabilities, climate change is likely to reduce further already low incomes and increase illness and death rates in developing countries. Falling farm incomes will increase poverty and reduce the ability of households to invest in a better future, forcing them to use up meagre savings just to survive. At a national level, climate change will cut revenues and raise spending needs, worsening public finances. Disponível em: <http://mudancasclimaticas.cptec.inpe.br/~rmclima/pdfs/destaques/sternreview_report_complete.pdf>. Acesso em: 27 fev. 2014.

mundial em 2ºC. No longo prazo há probabilidade de 50% de que a temperatura aumentará mais de 5ºC, alterando a geografia do mundo, causando enormes migrações, afetando todos os países, principalmente os mais pobres;

VI. não há como evitar os efeitos da mudança climática; portanto, é necessário um grande investimento para adaptação para minimizar os impactos, ao custo de dezenas de bilhões de dólares;

VII. a redução do desflorestamento é fundamental;

VIII. para manter os níveis de CO_2e entre 500/550ppm, deve-se investir 1% do PIB mundial por ano. Atualmente o nível de emissão de CO_2e é de 430ppm crescendo 2ppm/ano. Reduzindo-as em 25% até 2050, há como manter-se os níveis entre 450/550ppm, com grande redução dos riscos, mas para estabilizá-las nos níveis atuais, exigiria uma redução de 80%;

IX. formas eficientes de se reduzir as emissões são: mercado de carbono, aumento da eficiência energética, mudança na demanda por energia e na adoção de tecnologia limpa para a produção de energia, aquecimento e transporte, captura e estocagem de carbono;

X. descarbonização do setor energético em no mínimo 60% até 2050;

XI. controle de emissões na agricultura e indústria e do desflorestamento;

XII. as medidas, sejam quais forem, devem ser implementadas agora, sob pena de agravamento da situação, devendo os países desenvolvidos cortar suas emissões em até 80% até 2050, no mínimo 60%, devendo haver contribuição significativa dos países em desenvolvimento, que devem continuar seu desenvolvimento com tecnologias não poluentes, pois o que impedirá o desenvolvimento são os efeitos da mudança climática;

XIII. a mudança climática é a maior das externalidades do mercado, devendo ser combatida em três pontos: aumento do custo do carbono, por meio de taxas, impostos, comércio e regulação; desenvolvimento e inovação em tecnologias de baixo carbono; e, pela remoção das barreiras à eficiência energética pela informação, educação e convencimento dos indivíduos de que todos têm responsabilidades. Mas não bastam os esforços individuais, a coletividade deve agir, principalmente internacional. A União Europeia, Califórnia e China têm políticas ambiciosas. UNFCCC e Kyoto são avanços no sentido de generalizar essas metas;

XIV. deve haver cooperação tecnológica internacional para multiplicar o uso de novas tecnologias; e,

XV o clima é um problema mundial, a solução deve ser internacional.

As mudanças climáticas, que já estão acontecendo, afetam diretamente a capacidade de se efetivar os princípios da Constituição brasileira. As medidas para se evitar o desvirtuamento jurídico dos princípios estão contidas na aplicação prática dos conceitos de desenvolvimento qualificado pela sustentabilidade, razão pela qual a sustentabilidade é, também, um princípio constitucional cogente, que merece atenção e respeito de forma imediata e proporcional a sua importância, lembrando do alerta lançado por Jeremy Rifkin[40] a respeito do fim da era dos combustíveis derivados de hidrocarbonetos e da imperiosa necessidade de se desenvolver novas tecnologias, principalmente a partir de fontes de energia renováveis:

> Se a produção econômica agregada galopar novamente no mesmo ritmo que nos primeiros oito anos do século XXI – e é exatamente o que está acontecendo – o preço do petróleo subirá rapidamente para $150 por barril ou mais, forçando um acentuado aumento nos preços dos demais bens e serviços, e causará nova queda do poder de compra e mais uma crise da economia global. Em outras palavras, cada novo esforço para retomar a força econômica da década anterior será estancado em torno de $150 por barril. Esta forte oscilação entre retomada do crescimento e a crise marca o fim do jogo. (RIFKIN, 2012, p. 39).

Enfim, o conceito de desenvolvimento, como já adiantara Jane Jacobs (acima), não pode prescindir de ser abrangente, deve incluir o meio ambiente e ir além, inclusive antever as situações em que o decrescimento econômico seja a opção, pois nem sempre o crescimento é a solução mais indicada.

2.4 Um conceito de desenvolvimento compatível com a Constituição

A Constituição Federal de 1988 estipulou diversos objetivos e princípios que devem ser cumpridos pela República, criando, para a administração e a sociedade, uma série de deveres que não são meramente programáticos. No §1º do art. 5º, dispôs-se, expressamente, sobre a aplicação imediata das normas definidoras dos direitos e garantias fundamentais, comando interpretado

---

[40] Embora correta em essência, Rifkin esqueceu-se de considerar em sua conclusão a flexibilidade do capitalismo, que por meio da substitutividade de recursos (técnicas) conseguiu reduzir o custo do petróleo com a introdução do shale gás. Nesse sentido, vale ressaltar a genialidade da previsão de Robert Solow, prêmio Nobel de 1987.

pela maioria da doutrina como "uma inequívoca decisão em favor de uma eficácia direta das normas de direitos fundamentais, no sentido de que todos os órgãos estatais estão obrigados a assegurar a maior efetividade e proteção possível aos direitos fundamentais" (SARLET 2010, p. 25).

Por isso, ter o desenvolvimento nacional como um objetivo da República, não significa que o "desenvolvimento nacional" possa ocorrer de forma isolada; trata-se de um objetivo a ser realizado juntamente com outros, como a construção de uma sociedade livre, justa e solidária, a erradicação da pobreza, redução das desigualdades sociais e regionais, e a promoção do bem de todos, e mais, no âmbito internacional, o Brasil rege-se pelo princípio da cooperação entre os povos e progresso da humanidade, além de ter o objetivo específico de integrar econômica e socialmente os povos da América Latina.

Não fosse o bastante, a ordem econômica tem por finalidade assegurar uma existência digna a todos, pautada pela justiça social, observados, particularmente, o princípio da defesa do meio ambiente, inclusive mediante tratamento diferenciado conforme o impacto ambiental dos produtos e serviços, e de seus processos de elaboração e prestação; da redução das desigualdades regionais e sociais; e do tratamento favorecido para as empresas de pequeno porte constituídas sob as leis brasileiras e que tenham sua sede e administração no País.

Por fim, tornou o meio ambiente ecologicamente equilibrado um bem de uso comum do povo e essencial à sadia qualidade de vida, e, por isso mesmo, impõe-se o dever do poder público e da coletividade de preservá-lo para as presentes e futuras gerações, é dizer, a deterioração do meio ambiente pelo desenvolvimento meramente "crematístico" é inconstitucional de múltiplas maneiras, atenta contra as finalidades da ordem econômica e, ao menos, contra um de seus princípios, por fim, desrespeita o dever de preservá-lo.

Essa análise perfunctória não impede a aceitação da identificação do desenvolvimento com o crescimento econômico, ao contrário, mas também obriga a ver o desenvolvimento como um conceito complexo que, obrigatoriamente, deve ter considerações de cunho social e ambiental.

Por outro lado, um olhar retrospectivo e não menos superficial sobre as últimas décadas permite constatar que, no período do pós-guerra até os dias de hoje, houve significativos avanços no campo econômico e social, conquanto aquém das expectativas e das necessidades. O mesmo não se pode dizer sobre o meio ambiente, que enfrenta uma progressiva deterioração a cada período.

Embora a situação ambiental seja crítica, não há como se modificar subitamente o modo de vida atual e não se pode esquecer o conselho de Dasgupta: "É imprudente ter uma visão poética das comunidades e, ao mesmo tempo, protestar contra os mercados" (DASGUPTA, 2008, p. 160),[41] por isso, as mudanças devem ter alvos prioritários e escrupulosamente escolhidos, como lembra o relatório Stern, embora tenham que ter início imediato. As contratações governamentais constituem uma forma excelente de iniciar a busca pela sustentabilidade, pois representam um volume considerável e os propósitos constitucionais conduzem, até de forma cogente, à necessidade de implementação de medidas de sustentabilidade, isso por que, pelo art. 174 da Constituição, o Estado deve ser um agente normativo e regulador da atividade econômica,

---

[41] Sobre a imprudência segue um registro histórico feito por Edmund Wilson: Engels abriu a reunião: "Falou sobre a necessidade de que os reformadores trabalhistas chegassem a uma conclusão mais ou menos clara em meio à atual confusão de opiniões contraditórias e formulassem alguma doutrina comum que servisse de bandeira para todos aqueles seguidores que não tinham tempo nem capacidade para se ocuparem de questões teóricas. Porém, antes que Engels tivesse terminado sua falação, Marx de repente levantou a cabeça e dirigiu a seguinte pergunta a Weitling: Diga-nos, Weitling, você que causou tanta agitação na Alemanha com a sua propaganda comunista e converteu tantos trabalhadores que, por esse motivo, acabaram perdendo seus empregos e seu pão – com que argumentos você defende suas atividades sociais revolucionárias, e em que você as pretende fundamentar? (...). Teve início uma discussão desagradável, a qual, porém, conforme veremos, não durou muito tempo. Weitling parecia querer manter a discussão no plano dos lugares-comuns da retórica liberal. Com uma expressão séria e tensa, começou a explicar que não cabia a ele elaborar novas teorias econômicas, e sim utilizar aquelas que, como se via na França, eram as mais adequadas para o intuito de abrir os olhos dos trabalhadores para a terrível situação em que se encontravam, para todas as injustiças cometidas contra eles (...). Falou por algum tempo, mas, para minha surpresa e em contraste com Engels, exprimia-se sem clareza e até mesmo de modo confuso, freqüentemente repetindo-se e corrigindo-se; e tinha dificuldade par chegar às conclusões que ora seguiam, ora precediam as premissas. Diz Annenkov que, nessa reunião, Weitling estava defrontando uma platéia muito diferente da que freqüentava sua oficina ou lia seus escritos. Sem dúvida ele teria se estendido ainda mais se Marx não o tivesse interrompido, com um olhar irritado. Sarcástico, Marx afirmou: que era nada menos que fraudulento levantar o povo sem dispor de nenhuma base de ação sólida e bem pensada. Despertar esperanças fantásticas (...) jamais levaria à salvação dos que sofriam, e sim, pelo contrário, à sua destruição. Falar aos trabalhadores alemães sem idéias científicas e se uma doutrina concreta seria brincar com uma propaganda vazia e inescrupulosa, que envolveria inevitavelmente, de um lado, um apóstolo inspirado, e, de outro, asnos boquiabertos a escutá-lo".
E diante da insistência de Weitling em se justificar, Marx raivosamente acabou com a reunião dizendo: "A ignorância jamais ajudou ninguém!" (WILSON, Edmund. Rumo à estação Finlândia. São Paulo: Cia das Letras. 1987, p. 162).

fiscalizando, incentivando e planejando de forma determinante para o setor público e indicativa para o setor privado.

A compatibilidade do conceito de desenvolvimento a ser aplicado na Lei nº 8.666/93 deve ser preliminarmente com a Constituição Federal, cotejando-se as necessidades de aplicação com as situações fáticas e jurídicas do momento da aplicação, mas considerando alguns elementos, até então, "adormecidos" na prática.

O conceito deve considerar objetivos econômicos, sociais e ambientais para cumprir o desiderato constitucional, mas quais seriam esses objetivos?

Diversos dispositivos constitucionais vêm sendo regulamentados pela legislação ordinária, dando concretude aos comandos constitucionais, *v.g.*, de acordo com o inciso IV do art. 3º da Lei nº 12.187/09 (que instituiu a política nacional sobre mudanças do clima). O desenvolvimento sustentável é a condição para enfrentar as alterações climáticas e conciliar o atendimento às necessidades comuns e particulares das populações e comunidades que vivem no território nacional.

Nesse sentido, o conceito do relatório Brundtland é um início. Para seus autores, desenvolvimento qualificado pelo adjetivo sustentável é "o desenvolvimento que satisfaz as necessidades presentes, sem comprometer a capacidade das gerações futuras de suprir suas próprias necessidades". Para tanto, o que se compreende como desenvolvimento dentro da expressão "desenvolvimento nacional sustentável" deve se iniciar com a compreensão de que as mais diversas formas de desperdício, principalmente energético, não podem ser toleradas. No caso de compras, incluindo o processo de produção dos bens, distribuição e na sua utilização, e nos serviços deve abranger, além da execução em si, a utilidade decorrente de sua execução.

Falar de gerações futuras introduz um problema dentro da teoria clássica do direito, em razão da ideia de atribuição de direitos a seres que inexistem, sequer são nascituros. Sem entrar numa polêmica cuja complexidade ultrapassa o âmbito deste trabalho, não se necessita de argumentos sobre o direito das gerações futuras, a Constituição Federal, por meio do art. 225 *caput*,[42] impõe um dever às gerações presentes, obrigação que por si deveria bastar.

---

[42] Todos têm direito ao meio ambiente ecologicamente equilibrado, bem de uso comum do povo e essencial à sadia qualidade de vida, impondo-se ao Poder Público e à coletividade o dever de defendê-lo e preservá-lo para as presentes e futuras gerações.

Às administrações tal comando deveria ser suficiente para que, ao meio ambiente, fossem destinados os recursos necessários para sua proteção, pois, em diversas áreas, a deterioração não está permitindo mais a homeostase, levando a um rápido colapso do bioma.

A introdução da ideia de troca intergeracional, que, por sua vez, está contido no conceito mais amplo de trocas intertemporais,[43][44] também desenvolvido pela economia, permite a inferência concernente à capacidade do planeta (ou de uma região ou bem determinado) de se reproduzir ou regenerar, isto naqueles bens que são passíveis de regeneração. Segundo Ignacy Sachs (2000, p. 67): "Estamos, portanto, na fronteira de um duplo imperativo ético: a solidariedade sincrônica com a geração atual e a solidariedade diacrônica com as gerações futuras".

Como exposto, o desenvolvimento não se confunde com crescimento econômico, ao contrário, em certos casos, pode até ser compatível com o decrescimento;[45] além disso, direitos sociais, na forma do art. 6º da Constituição Federal, também não se confundem com uma situação específica relativamente à educação, saúde, alimentação, trabalho, moradia, lazer, segurança, previdência social, proteção à maternidade e à infância, assistência aos desamparados.

Seguindo-se a linha de Amartya Sen, é realmente crucial superar essas externalidades.

Será impossível falar de "decrescimento", como apregoa Georgescu-Roegen, antes do mínimo ser estendido à maioria da

---

[43] Sobre o conceito de trocas intertemporais: a troca intertemporal consiste na ação de manipular de alguma forma a sequência dos eventos no tempo de modo a favorecer a realização de um dado fim. Ela representa uma tentativa, não necessariamente bem-sucedida, de contornar o efeito restritivo do fluxo temporal que nos confina ao *agora* e de colocá-lo, na medida do possível, a nosso favor. (grifo no original). GIANNETTI, E. *O valor do amanhã*. São Paulo: Cia das Letras, 2007, p. 69.

[44] O próprio STF já reconheceu o princípio do desenvolvimento sustentável e a responsabilidade intergeracional como princípios, veja-se ADPF 101 / DF – Distrito Federal, relatora Min. Cármen Lúcia, julgada em 24.06.2009. Disponível em: <http://www.stf.jus.br/portal/jurisprudencia/listarJurisprudencia.asp?s1=%28intergeracional+e+ambiental%29&base=baseAcordaos&url=http://tinyurl.com/nzv8x4o>. Acesso em: 25 maio 2013.

[45] Não queremos argumentar que o mundo pode continuar crescendo indefinidamente. Hoje, está bastante claro o que esse argumento envolveria; sociedades, padrões de vida, modos de produção e de consumo se desenvolvem e mudam. Uma expansão indefinida é uma história implausível do futuro, mas duas coisas são essenciais: primeiro, encontrar um forma de elevar os padrões de vida (inclusive de saúde, educação e liberdade) que nos permita superar a pobreza no mundo; e segundo, descobrir estilos de vida que se sustentem ao longo do tempo, particularmente no que diz respeito ao meio ambiente. O crescimento sólido, *do tipo certo*, será tanto necessário quanto factível durante muitas décadas. STERN, N. *O caminho para um mundo mais sustentável*. Tradução de Ana Beatriz Rodrigues. Rio de Janeiro: Elsevier, 2010, p. 11. (grifo nosso).

população, mas medidas de eficiência energética, redução de desperdícios, alocação de investimentos em reais prioridades, principalmente no saneamento básico, manejo adequado de resíduos sólidos, redução do desmatamento, preservação de ecossistemas fundamentais, programas de redução de emissão de gases de efeito estufa e substituição de fontes energéticas à base de carbono para fontes limpas de energia renovável são processos prioritários,[46] devendo ter primazia no planejamento administrativo. Para isso, as críticas, mesmo as mais radicais, têm a função de abrir os olhos e chamar a atenção para aspectos obscuros ou não percebidos pelas soluções de consenso.

Os seres vivos dependem da natureza para viver e o objetivo principal do desenvolvimento sustentável é a manutenção da vida presente e futura, por isso, o problema está no cotejo da possibilidade de uso agora de bens e recursos que podem vir a faltar no futuro, ou que influenciem a condição necessária para a manutenção, no futuro, da vida humana e das demais espécies.

As contratações governamentais, pelo volume de recursos que movimentam, tem de incorporar como princípio exatamente um conceito de desenvolvimento que não esteja atrelado ao crescimento econômico, mas preocupado com o complexo de requisitos que precisam ser atendidos para se alcançar o cerne do que significa desenvolvimento. Isso afeta, diretamente, a forma de confecção dos projetos básicos e termos de referência, para incluir parâmetros que promovam por meio das contratações públicas práticas condizentes com "um futuro comum", é dizer, a estipulação de parâmetros para definição dos objetos a serem licitados deve privilegiar a eficiência ambiental, estimular pequenos fornecedores, não se esquecendo

---

[46] Ao definir metas e políticas, o mundo precisa reconhecer que os países pobres verão suas emissões crescerem durante algum tempo; entretanto, nos países mais ricos do grupo dos países em desenvolvimento, as emissões terão de cair em aproximadamente 10 anos para que o corte global de 50% seja alcançado até 2050 (a maioria desses países precisará ver as emissões caírem antes de 2030). No entanto, não é o crescimento *mais lento* que permitirá aos países em desenvolvimento alcançar essa queda nas emissões; é o crescimento de baixo carbono, usando tecnologias demonstradas e compartilhadas pelos países ricos, bem como seus próprios avanços tecnológicos e esforços em prol da eficiência energética. É o mundo como um todo que precisa encontrar o caminho para o crescimento de baixo carbono.
Os países em desenvolvimento deveriam começar a desenvolver planos de ação críveis nessas linhas desde agora. Aqui, "críveis" significa tanto para a população do próprio país quanto para seus parceiros em um acordo global. As metas devem incluir, em última análise, duas toneladas *per capita* para as emissões reais aproximadamente até 2050. STERN, N. *O caminho para um mundo mais sustentável*. Tradução de Ana B. Rodrigues. Rio de Janeiro: Elsevier, 2010, p. 163. (grifos do autor).

de sua diversificação, na esteira do que afirmou Jacobs, de que a diversidade é fundamental para o desenvolvimento, que não pode ser meramente quantitativo, mas, obrigatoriamente, qualitativo, e, ainda, que desenvolvimento depende de codesenvolvimentos.

Dado o montante de compras e contratações perpetrado pelos entes públicos, muitas das proposições constitucionais e expectativas sociais podem ser fomentadas. Por exemplo, a redução de desigualdades regionais, determinação do art. 43 da Constituição, pode ser impulsionada pela compra prioritária de bens e serviços oriundos de regiões economicamente desfavorecidas, desde que um instrumento similar ao que foi estabelecido no art. 24, XXVII, da Lei nº 8.666/93, fosse implementado para o fomento de regiões de baixo IDH. Instrumentos como o cooperativismo podem, amparados no artigo 174, §2º da Constituição, ser utilizados em prol de um desenvolvimento inclusivo, obtendo prioridade em contratações.

O conceito de desenvolvimento, como visto, não se confunde com crescimento econômico, e não pode prescindir de fomentar avanços sociais, como garantir o acesso mínimo a bens e serviços essenciais e possibilitar às pessoas o desenvolvimento de suas capacidades e a busca de seus objetivos. Também não pode prescindir de conservar as condições naturais para as presentes e futuras gerações. Nesse sentido, falta um adequado estímulo a comportamentos que não levem em consideração apenas o autointeresse, pois, como demonstrou George Price, sentimentos como o altruísmo decorrem da própria evolução da espécie humana; nesse sentido, pode-se exemplificar com os inúmeros personagens da história que ficaram marcados pelo altruísmo e filantropia, como Andrew Carnegie, que iniciou a tradição de empresários americanos fazerem grandes doações, demonstrando que o individualismo e o autointeresse não são os únicos "móbeis" que a humanidade conhece.

A ideia de sustentabilidade está, portanto, contida na concepção de desenvolvimento da Constituição de 1988. Mas o conceito de sustentabilidade também se mostra complexo, sendo necessário detalhá-lo, o que será feito no próximo capítulo.

Por fim, o desenvolvimento que não é sustentável se mostra um erro, e, como tal, um desperdício de recursos com implicação direta para a eficiência da administração, conforme argumentos expendidos no capítulo 4.

CAPÍTULO 3

SUSTENTABILIDADE

O que é sustentabilidade?
Assim como o desenvolvimento é um termo complexo, a sustentabilidade não pode ser entendida se vista apenas parte do que significa, além disso, a ampla utilização da palavra sustentabilidade contribuiu para descaracterizar seu significado.
Apropriado por aqueles que querem se apresentar como agentes de atos responsáveis com o meio ambiente, independentemente do real impacto da prática desses atos, as expressões comerciais que envolvem o termo sustentabilidade viraram elemento de marketing, barreira competitiva, elemento valorativo de produto, enfim, uma ferramenta de venda, algumas vezes, afeita a uma ou mais de suas componentes: responsabilidade social, ética, econômica, cultural e política (nacional e supranacional), mas, às vezes, elemento exclusivamente comercial.
Sustentabilidade é um conceito complexo, multivetorial, atinge a uma miríade de interesses. É multidisciplinar, envolve ciências diversas, tem uma conotação de equilíbrio, manutenção de uma situação, perpetuidade. Implica ações com reflexo em vários campos da atividade humana que têm que ser coerentes entre si, e, embora atividades diferentes impliquem dar uma ênfase maior a um ou outro aspecto, há um substrato comum que permite a formulação de um conceito único para dar suporte à ideia de desenvolvimento sustentável aposta no artigo 3º da Lei nº 8.666/93. Para sua utilização no contexto nacional o termo deve ser abrangente, senão por outro motivo, pela simples razão de que será aplicado a todos os entes públicos da federação, mas permite um tratamento didático por meio do fracionamento de seus "componentes" em "dimensões".

Segundo Thomas Kesselring,[47] a expressão sustentabilidade teria sido registrada pela primeira vez junto a um grupo de lenhadores alemães que perceberam que não poderiam extrair mais madeira do que a natureza fosse capaz de gerar em suas terras, permitindo um equilíbrio entre extração e recuperação do ambiente. Por se tratar de uma situação que deve se adaptar a diversas condições, como lugares, climas diferentes, dentre outras, o equilíbrio de que se fala é dinâmico, não estático, demanda uma adaptação constante, ou seja, para cada modificação, uma nova situação de equilíbrio deve ser buscada, determinando uma das principais características da sustentabilidade, sua constante renovação, daí que se torna imperiosa a pergunta: "Qual o nível de equilíbrio que se deve buscar para se obter um estágio econômico e socioambiental sustentável, e de qual dimensão deve ser o esforço em prol da sustentabilidade?".

A disputa entre o consumo atual e imediato, a briga pela obtenção de riqueza a partir da exploração desmedida da natureza não é de agora. Como afirma Eduardo Bueno (2002, p. 251), e apenas para citar um exemplo brasileiro, em 5 de março de 1605, durante o período da União Ibérica, o rei Felipe III da Espanha (em Portugal, Felipe II), enviou uma carta ao bispo do Brasil, dom Pedro de Castilho, ordenando que 'por todas as formas' se evitasse a 'devassidão' com que o 'lenho tintorial' (pau-brasil) estava sendo explorado. Em junho do mesmo ano, preocupado com a continuidade do desmatamento do pau-brasil, Felipe escreveu novamente ao bispo, informando que estava espantado com o fato de que "continuavam fazendo 'grande dano às árvores, que em breve virão a se acabar e perder de todo'". Por fim, sem ver reduzir o dano à espécie, em dezembro de 1605, Felipe III assinou o primeiro 'Regimento do Pau-Brasil', norma contendo diversas medidas rigorosas para regular e diminuir o corte e o comércio do pau-brasil. Em 1640, com o fim da União Ibérica, Portugal tornou-se independente novamente e o pau-brasil "voltou a ser explorado com a mesma irracionalidade de antes".

A história tem diversos registros de práticas insustentáveis, algumas localizadas, como as que levaram à extinção do povo que

---

[47] Comentário feito em palestra proferida na PUC/RS, em 5 dez. 2013.

habitava a ilha de Páscoa, mas, ainda assim, nada se compara à generalidade da extensão dos danos decorrentes da evolução das ciências e seu emprego maciço para fins antropocêntricos. O avanço da técnica e maquinários, principalmente baseados no uso de energia extraída do carbono, agudizou o problema da exploração do meio ambiente a tal ponto que a atual taxa de utilização de recursos excede a capacidade da natureza de repô-los ou de adaptar-se, podendo-se inferir o esgotamento de certos recursos naturais dentro de um horizonte temporal curto.

A natureza tem por processo básico a homeostase, que assegura aos ecossistemas a recomposição natural do equilíbrio biogeoquímico possibilitando a existência de vida na Terra, equilíbrio sem o qual a vida tende ao colapso, colocando em risco a existência humana e de um sem número de espécies. Em analogia, poderia se dizer que a Terra tem que manter sua saúde. Lovelock (2006, p. 18) afirma, com muita ênfase, que o declínio da "saúde" da Terra deve ser a principal preocupação da humanidade, porque as vidas humanas dependem de uma Terra sadia: "Nossa preocupação com ela [Terra] deve vir, em primeiro lugar, porque o bem-estar das massas crescentes de seres humanos exige um planeta sadio".

Anos de atuação intensa do homem sobre o seu meio, principalmente a partir da revolução tecnológica, alteraram profundamente o equilíbrio homeostásico da natureza, erradicando diversas espécies e pondo em risco de extinção outro tanto. Áreas enormes apresentam-se degradadas, afetando de diversas maneiras a saúde das populações, quando não tornando inviável a existência das espécies daquele *habitat*.

Dos diversos problemas ambientais, o mais importante é o aquecimento global. Segundo Giddens (2010, p. 137), "cientistas estimaram que o aquecimento global mata em torno de 160 mil pessoas a cada ano". A verdade é que anos de emissão de gases de efeito estufa a uma velocidade superior à capacidade de absorção do planeta desencadearam formas de "aprisionamento" do calor solar que podem levar a um aquecimento global da "ordem de 5ºC ao longo do século XXI (STERN, 2010, p. 9).

Esses fatos demonstram que o equilíbrio homeostático da natureza precisa ser restabelecido, como condição de manutenção das sociedades na forma como hoje conhecemos, no extremo, como condição de sobrevivência da espécie humana, ou seja, o equilíbrio significa fazer um "acordo" com a natureza mediante o qual o que dela se extrair não poderá superar sua capacidade de repor. Se houver *superavit* homeostásico, tanto melhor. Esse "acordo", que deverá ser sócio-ético-político-normativo-científico, implica sensíveis modificações do modo de vida atual, particularmente no trato dos desperdícios de energia e recursos em geral, bem como no abandono de práticas "ambientalmente predatórias".

Mas as sociedades também têm que se manter dentro de um equilíbrio, que, por analogia, se poderia dizer "homeostático", envolvendo as variáveis: social, econômico, político, ético e ambiental. Se sustentabilidade pressupõe equilíbrio, *contrario sensu*, as enormes diferenças sociais e econômicas, especialmente a miséria extrema, a ocorrência de práticas ético-morais inaceitáveis, medidas políticas totalitárias e antidemocráticas, convívio destrutivo do meio ambiente e incontáveis outras denotam o grau de insustentabilidade de uma sociedade, que podem encontrar nas contratações públicas um importante instrumento de apoio e fomento do equilíbrio desejado, conforme preliminarmente se expôs no capítulo anterior.

Tendo por paradigma a necessidade de mudança de práticas, sendo os governos responsáveis pela contratação de vultosas somas (*v.g.* no Brasil esse montante equivale a mais de 10% do PIB nacional), a adoção de parâmetros de sustentabilidade nas compras e contratações dos governos, autarquias e empresas públicas constituirá um importante divisor de águas para uma correta concreção dos objetivos da República, em especial, na aplicação do disposto no *caput* do art. 225 da Constituição Federal.

A análise das compras deve considerar muito mais do que a mera equação econômico-financeira, que é extremamente relevante, mas não engloba a importância do desenvolvimento de oportunidades que, de outra forma, não surgiriam. Em qualquer caso, a equação econômico-financeira deve estar dentro de um contexto, de forma que haja uma "maximização de cumprimento de objetivos", é dizer, de forma que a contratação seja realmente eficiente, tendo por parâmetro os objetivos da Carta Magna. É o caso, *v.g.*, do estímulo a setores intensivos em mão de obra ou pequenos fornecedores e de produtores de regiões ou em situação de grande carência material, que, apesar de não serem capazes de ofertar os melhores custos, são importantes sob o aspecto da desconcentração econômica e alargamento de seus mercados. A ampliação de oportunidades de trabalho, principalmente para pessoas de baixa qualificação técnica, é fundamental para combater a pobreza aguda e ampliar suas liberdades. Dentro de limites razoáveis, aceitáveis em face das diversas carências a serem supridas pela administração, dar condições de se obter o básico é muito mais importante do que comprar a um custo baixíssimo, é dar condição para que os pequenos empreendedores expandam seus limites e disseminem empregos. É dentro dessa perspectiva que a igualdade de condições inserta no art. 37, XXI, da Constituição Federal, tem que estar de acordo com os objetivos básicos da República, particularmente o disposto no art. 3º, III, e 1º IV da Constituição, propiciando a todos o acesso ao mercado institucional, da mesma forma a hermenêutica do princípio da isonomia do art. 3º da Lei nº 8.666/93. Como diria Berlin em relação à liberdade:

> É um fato que propiciar direitos ou salvaguardas políticas contra a intervenção por parte do Estado no que diz respeito a homens que mal têm o que vestir, que são analfabetos, subnutridos e doentes, é o mesmo que caçoar de sua condição: esses homens precisam de instrução ou de cuidados médicos antes de poderem entender ou utilizar uma liberdade mais ampla. O que é a liberdade para aqueles que não podem dela fazer uso? Sem as condições adequadas para o uso da liberdade, qual é o valor da liberdade? As primeiras coisas devem vir em primeiro lugar: há situações como declarou um autor russo radical do século XIX, em que um par de sapatos vale mais do que as obras de Shakespeare; a liberdade individual não é necessidade primária para todo mundo. (BERLIN, 1986, p. 138).

O fomento de pequenos empresários, criando oportunidades, é de extrema importância, principalmente se esses fornecedores puderem adotar práticas sustentáveis; portanto, o fomento não deve ser exclusivamente econômico. No campo da normatização, com vistas a contratações que privilegiem práticas sustentáveis, foi extremamente importante a publicação do Decreto Federal nº 7.746/12, bem como a ampla aceitação de certificação, em particular, normas como as ISO e as NBR, especialmente as afeitas à presente temática, como a ISO 14.000 e 26000. Importante, também, é a exigência dessa certificação a todas as "espécies" de contratados: de grande, médio e pequeno porte, governos, empresas privadas e públicas, ONGs, etc.

Especificamente com respeito às licitações, embora o TCU tenha se manifestado contrário à exigência técnicas de atestados de qualidade, como os emitidos pelas normas ISO, a inserção do §5º no art. 3º da Lei nº 8.666/93 pela Lei nº 12.349/10 abre caminho para a plena validação dessas exigências, uma vez que o referido parágrafo está inserto justamente nas possibilidades de exceções à isonomia (que é a regra), desde que atendidas as normas técnicas brasileiras.

Normas como a NBR 16.001, sobre responsabilidade social e sistemas de gestão, atentam para a necessidade de estabelecimento de padrões éticos e sociais na gestão empresarial. Em sua versão de 2012, baseada na diretriz internacional da ISO 26.000, permite certificação, o que não é possível com a ISO 26.000.

A NBR 16.001 preocupa-se com a responsabilidade das organizações pelos impactos de suas atividades na sociedade e no meio ambiente, avaliando a transparência e a ética de seu atuar, e sua contribuição para o desenvolvimento sustentável, incluindo um aspecto fundamental, que é a integração das atitudes do ente avaliado em todas as suas operações e com a sociedade. São também itens de avaliação da responsabilidade a preocupação com saúde e bem-estar da sociedade, a conformidade legal, considerando a legislação nacional, e normativas e tratados internacionais já ratificados, além da preocupação com a boa-fé nas relações, e pode se tornar um utilíssimo referencial para contratações sustentáveis, que devem, justamente, atender aos diversos componentes que estruturam seu conceito. A seguir, serão desenvolvidos aspectos dos componentes da sustentabilidade.

3.1 O componente social da sustentabilidade

A extrema desigualdade social não é compatível com a sustentabilidade, nem o são as discriminações, os preconceitos de gênero, raça, credo, nacionalidade, opção sexual, estéticos, etc. Como afirma Juarez Freitas (2011, p. 55), "não se pode admitir um modelo excludente". Stern (2010, p. 9) reconhece que superar a pobreza e combater as mudanças climáticas são os maiores problemas do século XXI a serem resolvidos.

A Constituição Federal estabelece como objetivo fundamental da República, art. 3º, III, a erradicação da pobreza[48] e da

---

[48] Para tanto, instituiu no art. 82 das ADCTs, fundo para erradicação da pobreza.

marginalização, por meio da redução das desigualdades sociais e regionais, e, no inciso IV, a promoção do bem sem preconceitos de raça, sexo, cor, idade e outras formas de discriminação, portanto, a opção excludente, mesmo que fosse sustentável em algum aspecto, o que não é, seria incompatível com a Constituição Federal.

Uma atitude socialmente sustentável deve promover a igualdade de oportunidades e a expansão das liberdades, proporcionando a cada um a possibilidade de desenvolvimento de suas aptidões e sua inserção no contexto social, mediante a criação de mecanismos que efetivamente permitam que as pessoas contribuam para as decisões que afetam suas vidas.[49]

Além disso, a sustentabilidade deve ser inclusiva, resgatando as pessoas em situação de pobreza extrema para que disponham de um mínimo aceitável dentro dos padrões de dignidade atuais, em suma, para que a dignidade humana não se perca, para isso, a disponibilização de serviços essenciais é vital. Não se pode mais admitir a total indisponibilidade de água, educação, serviços médicos, disponibilidade de energia ou mesmo a carência alimentar que leva à desnutrição aguda e crônica, todas situações que ferem a dignidade, mas, em alguns casos, vão além, pondo em risco a própria capacidade de sobrevivência.

Outra característica da capacidade inclusiva da sustentabilidade é ser diacrônica, voltada para o futuro, não pode ser apenas para as gerações atuais. O direito a um meio ambiente ecologicamente equilibrado, essencial à sadia qualidade de vida, pertence às atuais e às futuras gerações, na forma do artigo 225 da Constituição Federal.

Cabe destacar que atitudes sustentáveis serão benéficas, principalmente para as gerações presentes, uma vez que a expectativa de vida está aumentando anualmente, com a perspectiva de superar os 100 anos em um horizonte razoavelmente breve. Assim, a única maneira da geração atual não ver seu modo de vida se modificar radicalmente será pela mudança imediata de comportamento destrutivo para um padrão sustentável no nível ambiental, mas que também vale para o social, uma vez que os investimentos públicos e privados devem considerar a sociedade do futuro composta de um percentual muito maior de idosos.

---

[49] Nesse sentido, veja-se Liebemberg, *opus cit.*

Isso tudo abre um imenso leque de oportunidades para o poder público por intermédio das licitações e contratações públicas. Ter parâmetros de promoção da componente social da sustentabilidade é fundamental, começando com o respeito à legislação trabalhista, a refutação incondicional de produtos que, em sua elaboração, tenham a participação de mão de obra escrava ou análoga (art. 149 do Código Penal), de fornecedores que façam discriminação de gênero, credo, cor ou outra qualquer, ou, ainda, que se utilizem de trabalho infantil.

Os contratados também devem ser socialmente responsáveis. Nesse sentido, o art. 30 combinado com o art. 45, ambos da Lei nº 8.666/93, podem ser aperfeiçoados para permitir uma valorização dos empreendimentos socialmente responsáveis, valorizando-se, nas contratações de técnica e preço, aqueles que se dispõem a investir em ações socialmente relevantes e que cumpram com parâmetros de normatização, como os estabelecidos por normas como a ISO 14.000 e ISO 26.000.

Mas a definição do que são ações socialmente relevantes e como determiná-las não deixa de ser um problema, apesar da difusão e aceitação alcançadas pelas normas ISO. Um primeiro passo foi dado com a promulgação do Decreto Federal nº 7.746/12, mas o problema continua sob dois aspectos: na interpretação da aplicação do Decreto Federal aos demais entes federados e na formação dos setores de licitação dos diversos órgãos públicos, este último um problema mais sofisticado, uma vez que demanda formação de pessoas com conhecimento específico sobre licitações e contratos públicos, normas de direito financeiro e outras relativas a procedimentos dos próprios órgãos, além de indispensável e vasto conhecimento sobre as diversas áreas, bens e serviços com os quais trabalhará.

A componente social da sustentabilidade tem como pressuposto a redução das diferenças e a criação de oportunidades, o que implica, em termos de contratação, possibilitar o acesso de novos fornecedores e, de uma forma geral, poder incluir na vida socioeconômica pessoas que sem incentivo estariam marginalizadas. Como exposto, desenvolvimento é uma questão qualitativa e não quantitativa (*vide* definição de Jane Jacobs no capítulo sobre desenvolvimento), da mesma forma, sustentabilidade tem como pressuposto a eliminação das diferenças pela adoção de práticas qualitativamente diferentes, assim como a eliminação de desperdícios.

Além da criação de oportunidades na forma de dispensa de licitação, ampliando o rol de situações possíveis de contratação direta, para incluir situações socioambientais relevantes, é fundamental que, nas demais situações, as exigências relativamente à capacitação técnica incluam (na medida do possível e sem criar feudos de mercados) pedidos de atestados de responsabilidade social ou a disponibilidade para a inclusão de medidas socialmente relevantes por parte dos contratados.

Nesses casos, embora se aumentem as exigências, a boa formulação dos instrumentos de editais, termos de referência, projetos básicos e demais documentos de apoio impedirão problemas de isonomia dos licitantes.

3.2 O componente ético da sustentabilidade

A necessidade de se repensar o agir humano para torná-lo sustentável decorre da intensidade da utilização dos recursos naturais e da velocidade com a qual o homem vem transformando seu meio, que é muito maior do que a capacidade da natureza de se reorganizar, e pelo largo espectro temporal dos efeitos da ação humana, que superam em muito o poder de previsão de consequências, de forma que o poder de ação é sempre superior à capacidade de previsão de seus efeitos. Sustentabilidade está relacionada, nesse sentido, com atitude, comportamento, para consigo, terceiros, a natureza e o futuro. Tal assertiva implica um "viés" ético que supera a ética e a moral clássica, uma vez que impõe deveres não só para com o aqui e agora, mas com a universalidade das coisas presentes e futuras.

Ainda assim, cabe a pergunta: "Mas por que razão devemos agir de forma ética?".

A resposta mais simples, baseada em Kant, é afirmar que agir de forma aética implica uma contradição performativa, pois, se todas as pessoas agissem assim, a sociedade não subsistiria, uma vez que o agir aético não é universalizável. Todavia, por si só, a característica de universalização entre os homens não é suficiente para justificar o agir de forma ética com os animais, florestas, etc.

Ocorre que o agir ético tem a finalidade de possibilitar o convívio social, manter íntegra uma sociedade, viabilizar o grupo. Da mesma forma, a ética da sustentabilidade objetiva viabilizar a espécie humana no futuro, manter para as próximas gerações a diversidade biológica, condições climáticas seguras, acesso permanente a fontes alimentares, de água e de energia, etc. A degradação ambiental generalizada é, portanto, incompatível com a continuidade da vida, sendo necessário um amplo respeito às demais existências além da humana. É fundamental que se as compreenda como algo mais de que um meio para se alcançar fins humanos.

Segundo Hans Jonas (2011, p. 39), em decorrência da intervenção humana, a natureza encontra-se em um estado de "vulnerabilidade que jamais fora pressentida antes de que ela se desse a conhecer pelos danos já produzidos". Além disso, os danos têm sido cumulativos e se propagam no tempo de uma forma que o "saber previdente" permanece sempre aquém do "saber técnico que confere poder" ao agir humano. Com isso, o horizonte temporal de ação impõe mudanças profundas nos padrões éticos, principalmente no conceito de responsabilidade, uma vez que o conhecimento "ético anterior" a esse período não possui um instrumental suficiente para suportar essas novas características do agir humano.

> Nenhuma ética anterior vira-se obrigada a considerar a condição global da vida humana e o futuro distante, inclusive a existência da espécie. O fato de que hoje eles estejam em jogo exige, numa palavra, uma nova concepção de direitos e deveres, para a qual nenhuma ética e metafísica antiga pode sequer oferecer os princípios, quanto mais uma doutrina acabada. (JONAS, 2011, p. 41).

Diante desse cenário modificado pela *techne*, torna-se necessária a construção de uma nova ética que seja capaz de produzir efeitos e manter viável o futuro da humanidade, nas palavras do filósofo, criar um "direito moral próprio da natureza".

> E se o novo modo do agir humano significasse que devêssemos levar em consideração mais do que somente o interesse 'do homem', pois nossa obrigação se estenderia para mais além, e que a limitação antropocêntrica de toda ética antiga não seria mais válida? Ao menos deixou de ser absurdo indagar se a condição da natureza extra-humana, a biosfera no todo e em suas partes, hoje subjugadas ao nosso poder, exatamente por isso não se tornaram um bem a nós confiado,

capaz de nos impor algo como uma exigência moral – não somente por nossa própria causa, mas também por alterações substanciais nos fundamentos da ética. Isso significaria procurar não só o bem humano, mas também o bem das coisas extra-humanas, isto é, ampliar o reconhecimento de 'fins em si' para além da esfera do humano e incluir o cuidado com estes no conceito de bem humano. Nenhuma ética anterior (além da religião) nos preparou para um tal papel de fiel depositário – e a visão científica de natureza, menos ainda. Esta última recusa-nos até mesmo, peremptoriamente, qualquer direito teórico de pensar a natureza como algo que devamos respeitar – uma vez que ela a reduziu à indiferença da necessidade e do acaso, despindo-a de toda dignidade de fins. Entretanto, um apelo mudo pela preservação de sua integridade parece escapar da plenitude ameaçada do mundo vital. (JONAS, 2011, p. 41).

Para Jonas (2011, p. 167), a manutenção da vida humana na Terra demanda uma ética para com o meio ambiente fundada na responsabilidade, não a tradicional dos manuais de Direito, baseada na conduta pessoal e suas consequências diretas, mas uma responsabilidade que tem por objeto a própria natureza e as gerações futuras; em decorrência, faz-se necessário um novo imperativo categórico cuja primeira versão se transcreve: "aja de modo a que os efeitos da tua ação sejam compatíveis com a permanência de uma autêntica vida humana sobre a Terra" (JONAS, 2011, p. 47).

Sua posição ética, aqui defendida, é a da responsabilidade social atual e intergeracional, pautada pelo respeito ao meio ambiente e a todas as formas de vida, inclusive as sensientes, de forma a se preservar a biodiversidade e demais patrimônios naturais.

Como a sustentabilidade tem diversos componentes, o respeito ao ambiente e às gerações futuras deve acrescer à ética clássica, por isso, embora insuficientes no que tange à proteção do meio ambiente, os conceitos já formulados se reforçam, no sentido de que se fazem necessárias a ampliação da intersubjetividade pela solidariedade e a necessidade de redução das desigualdades, numa conjunção de esforços entre a norma legal constitucional, que promulga os objetivos da República, e a ética tradicional.

O dever de solidariedade, que ora se propala, mais do que um comando Constitucional (no caso brasileiro), decorre, por um lado, da racionalidade humana, que vê a incompatibilidade no convívio entre a fartura e a miséria, e, por outro, da própria evolução do homem, conforme demonstrou George Price (ver nota de rodapé nº 8).

Do ponto de vista das mudanças climáticas decorrentes da ação antrópica, o dever de cooperação intersubjetiva se reforça pelo fato de que se pode imputar à civilização moderna como um todo a responsabilidade pelas alterações[50] que estão acontecendo. Mas o comportamento aético também é insustentável nos procedimentos políticos, empresariais, esportivos, enfim, em todos os campos de atuação humana.

Especificamente no campo das licitações e contratações públicas, o imperativo é que as ações sejam pautadas pelos princípios administrativos e civis que exigem a moralidade das condutas. Inicialmente, vale salientar que a conduta que não atenda ao princípio da moralidade fere múltiplas exigências, particularmente o art. 4º da Lei nº 8.429/92 – Lei de Improbidade Administrativa, e o art. 2º da Lei nº 9.784/99. Nas palavras de Juarez Freitas (2009, p. 16), "a ineficiência e a ineficácia da gestão pública têm a ver com as crônicas disfunções da mentalidade ética, que têm impedido o Estado brasileiro de ser o grande indutor do desenvolvimento humano".

São momentos críticos para a verificação da moralidade aqueles que concernem à decisão de contratação, relativos às características do produto ou serviço, quantidade e momento de aquisição, bem como a decisão de terceirizar, comprar de fornecedores ou desenvolver a atividade dentro da administração. A decisão deve se pautar pelo atendimento dos princípios e objetivos constitucionais e legais, dentre os quais está a contratação mais vantajosa para a administração, que não se confunde nem com o melhor preço nem com a efetivação de interesses corporativos ou outros menos confessáveis, mas, principalmente, com sua compatibilidade sócio-econômico-ambiental.

3.3 O componente ambiental da sustentabilidade

A sustentabilidade visa à manutenção das condições de vida na Terra de forma que às futuras gerações se garanta o mesmo nível de biodiversidade e disponibilidade opções que a atual, "sob pena de empobrecimento da qualidade de todas as vidas" (FREITAS, 2011, p. 62).

---

[50] O reconhecimento de que a alteração climática decorre de fatores antrópicos foi feito categoricamente na COP XXI, ocorrida em dezembro de 2015 em Paris.

O componente ambiental obriga a sociedade e a administração a agir em consonância com os princípios de direito ambiental, particularmente os da precaução e prevenção, especialmente nos casos de atividades de grande risco, as de baixo conhecimento sobre as consequências de seu desenvolvimento e aquelas que, sabidamente, impactam o meio ambiente.

Diversas são as legislações que privilegiam ou obrigam a defesa do meio ambiente, mas algumas inovações recentes são destaques, principalmente por demandarem um planejamento maior do administrador que requer a licitação, bem como das pessoas envolvidas no desenvolvimento do edital e das referências técnicas que serão exigidas.

As Leis nº 6.938/81 e 9.605/98 já são amplamente conhecidas e, certamente, não apresentam dificuldades de interpretação, havendo, inclusive, inúmeros julgados que, juntamente com a doutrina atualizada, podem orientar para definir o objeto e determinar as exigências a serem cumpridas pelo contratado. Já a legislação mais recente, como *v.g.* é o caso das Leis nº 11.445 (saneamento), nº 12.189/09 (política nacional de mudança climática), nº 12.305/10 (política nacional de resíduos sólidos), nº 12.587/12 (mobilidade urbana), nº 12.651/12 (código florestal), dentre outras, precisam ser implementadas imediatamente, sob pena de descumprimento da própria regência das licitações, isso porque a Lei nº 8.666/93, no art. 12, VII, exige as devidas licenças ambientais (mesmo a definição de projeto básico tem como requisito a elaboração de estudo de impacto ambiental, art. 6º, XII), de forma igual, a Lei de Concessões e Permissões exige, no art. 29, X, que o poder concedente estimule a preservação do meio ambiente, o que não é diferente com a Lei nº 11.079, que institui as normas gerais para licitação de Parcerias Público Privadas, art. 10, VII, no qual se prevê que o empreendimento tenha as licenças ambientais.

Grande avanço já havia sido obtido no âmbito da União com a publicação da Instrução Normativa nº 1/2010 do Ministério do Planejamento, criticada por não se basear em suporte legal precedente, crítica muito bem efetivada por Marçal Justen Filho (2012, p. 146). De qualquer forma, a alteração da Lei nº 8.666/93, pela Lei nº 12.349/10, com ulterior promulgação do Decreto nº 7.746/12, superou essa deficiência, eventual publicação de nova Instrução Normativa não carecerá mais de suporte legal.

Do lado dos fatos não faltam exemplos da necessidade de ampliação dos esforços de preservação e adequação. O ano de 2015 foi o mais quente registrado na história,[51] a convenção sobre diversidade biológica da ONU, fez uma estimativa de que até 150 espécies vivas são extintas por dia, a estimativa anual é que entre 18.000 e 55.000 são extintas por ano. Essa taxa corresponde à maior "onda" de extinção desde o desaparecimento dos dinossauros, e a ação humana seria a principal causa,[52] o assombroso acúmulo de lixo e detritos não biodegradáveis é um dos mais sérios problemas atuais... Muitos outros exemplos podem ser citados, o elemento comum de sua solução é a mudança de conscientização sobre a necessidade de preservação do meio ambiente.

3.4 O componente político da sustentabilidade

O componente político da sustentabilidade talvez seja, hoje, o mais importante.[53] A tomada de consciência necessária para as mudanças em prol da sustentabilidade dependem, em larga medida, de ação política que demandará um compromisso com o futuro que supere o horizonte dos mandatos eleitorais.

Nesse sentido, necessário se desprender de dogmas do passado e reconhecer que o governo pode muito, mas não pode tudo, sendo necessário dar prioridade orçamentária para o atendimento

---

[51] Conforme divulgado pela revista Época.
Disponível em: <http://epoca.globo.com/colunas-e-blogs/blog-do-planeta/noticia/2016/01/aquecimento-global-fez-de-2015-o-ano-mais-quente-ja-registrado.html>. Acesso em: 15 mar. 2016.

[52] Biodiversity loss is real. The Millennium Ecosystem Assessment, the most authoritative statement on the health of the Earth's ecosystems, prepared by 1,395 scientists from 95 countries, has demonstrated the negative impact of human activities on the natural functioning of the planet. As a result, the ability of the planet to provide the goods and services that we, and future generations, need for our well-being is seriously and perhaps irreversibly jeopardized. We are indeed experiencing the greatest wave of extinctions since the disappearance of the dinosaurs. Extinction rates are rising by a factor of up to 1,000 above natural rates. Every hour, three species disappear. Every day, up to 150 species are lost. Every year, between 18,000 and 55,000 species become extinct. The cause: human activities. Disponível em: <https://www.cbd.int/doc/speech/2007/sp-2007-05-22-es-en.pdf>. Acesso em: 06 jan. 16.

[53] Embora delimitando sua afirmação à questão ambiental, Rech afirma que esta é mais científica do que política. RECH, A. U. Instrumentos de tutela efetiva e eficaz na gestão do meio ambiente. *Rev. Direito e Desenvolvimento*, [S.l], v. 4. n. 7, p. 9-41, 2013.

dos direitos fundamentais. O que não for prioritário nem atividade típica de Estado devem ser dadas condições do setor privado suprir as necessidades, obviamente, dentro de diretrizes e parâmetros que considerem a sustentabilidade, utilizando-se, para tanto, os instrumentos de concessões, permissões e parcerias público-privadas, além do estímulo a investimentos diretos.

Muitas das ações necessárias dependem de um balizamento normativo, mas a grande maioria está na esfera de ação do poder executivo, são decisões a serem instituídas como projeto de governo. De um modo geral, as ações prioritárias estão, de uma forma ou outra, ligadas à necessidade de efetivar os direitos sociais listados no art. 6º da Constituição Federal, destacando-se os direitos à educação, à saúde, à alimentação, ao trabalho, à moradia, ao lazer, à segurança, à previdência social, à proteção à maternidade e à infância, e à assistência aos desamparados.

Mas não somente esses. Como visto acima, o problema relativo às mudanças climáticas é extremamente urgente e, se não equacionado, pode inviabilizar a solução dos demais. Por uma questão de coerência, uma vez que a educação significa a base da cidadania, o projeto de governo com maior prioridade é a melhoria da educação, desenvolvendo-se as várias inteligências e vontades (FREITAS, 2011, p. 64), mas também incluindo a instituição formal do ensino das formas de cuidado do meio ambiente, eficiência energética, enfim, das características da sustentabilidade.

Em face da urgência e dos custos envolvidos, que aumentam exponencialmente na medida em que se demora mais para buscar as soluções, os governos deveriam assumir o compromisso de valorização e criação de condições para a substituição de energias fósseis por energias limpas e renováveis.

Algumas das políticas com maior prioridade e importância sao comentadas a seguir; contudo, itens de extrema necessidade como o fornecimento de água tratada, esgotamento sanitário adequado e fornecimento de energia elétrica deveriam ser disponíveis a todos,[54] senão por outro motivo, por uma questão de saúde pública, que consomem grandes recursos e têm muita influência na qualidade de vida da população, por exemplo, a água

---

[54] A redução da falta de água tratada em 50% é um dos objetivos do milênio estabelecido em 2000 pela ONU.

é um dos maiores, ou o maior vetor de transmissão de doenças que demandam internação, responsável por cerca de dois bilhões de casos de diarreia por ano, sendo que cerca de cinco milhões de pessoas vão a óbito (GIDDENS, 2010, p. 128).

Muito importante é a disponibilização de serviços médicos e de saúde, incluindo o fornecimento adequado de medicamentos. O serviço de saúde de baixa qualidade é encontrado em praticamente todos os grandes centros brasileiros, com destaque para os serviços fornecidos pelo poder público. Muitas vezes inexiste nas cidades menores qualquer atendimento de urgência ou mesmo para enfermidade e acometimentos simples, sendo fonte de infindáveis injustiças e reclamações. São situações lastimáveis para a integridade e dignidade das pessoas, com reflexo direto na qualidade de vida e na economia.[55] Imagine capacidade de usufruir das "liberdades" nos termos de Amartya Sen de alguém enfermo por meses que, além disso, tem que ficar dias esperando em filas para atendimento médico, mas para pontuar o aspecto econômico, o que dizer da produtividade de uma pessoa nessas condições?

Uma área que apresenta uma grande carência de medidas e soluções, e cuja deterioração de condições está acontecendo de forma exponencial, é a mobilidade urbana e, em estreita conexão, o problema da poluição do ar. As cidades precisam de soluções que resolvam não somente o problema do deslocamento de pessoas e cargas, mas de soluções que evitem ou reduzam os deslocamentos desnecessários e de baixa eficácia. Nesse sentido, o planejamento urbano deve mapear e desenvolver estatísticas que permitam às pessoas desenvolverem

---

[55] Exemplo criminoso de desrespeito à saúde pública foi dado por reportagem sobre a marcação de consultas no Maranhão. A marcação de consultas e exames é demorada. Muitas vezes, para determinada especialidade médica, são meses de espera. Só que para ter o direito de marcar a consulta ou exame o paciente tem que pegar uma senha. A senha é distribuída apenas uma vez por mês e somente na capital. Quem consegue pegar a senha, tem que voltar outro dia para fazer o agendamento da consulta. Pessoas se deslocam por 300, 500 quilômetros até a capital, esperam ao relento por dois ou três dias para a distribuição das senhas, e muitas vezes retornam para casa sem consegui-la. Há relatos de pessoas que já fizeram esse périplo mais de duas vezes. Disponível em: <http://g1.globo.com/ma/maranhao/noticia/2016/02/pacientes-se-revezam-ha-tres-dias-na-fila-da-cemarc-em-sao-luis.html>. Acesso em: 27 fev. 16.
Outro exemplo é o da família que recebeu carta da prefeitura confirmando a consulta médica agendada, o detalhe é que a consulta foi solicitada no ano de 2000, a mulher morreu em 2004 e a carta confirmando a consulta foi enviada em dezembro de 2015, onze anos depois da morte do paciente.
Disponível em: http://g1.globo.com/rs/rio-grande-do-sul/noticia/2016/01/familia-recebe-retorno-de-consulta-11-anos-apos-morte-da-paciente-no-rs.html. Acesso em: 06/01/16.

suas atividades sem desperdícios de deslocamento e a concentração das soluções de suas necessidades em espaços mais restritos, além de gerar empregos e formas de renda que minimizem os deslocamentos urbanos diários de longo percurso. Quando necessário, tais deslocamentos precisam ter alternativas modais mais eficazes do que o transporte por automóveis particulares.

Em adição, a poluição do ar causa doenças, desconfortos e reduz a expectativa de vida daqueles que com ela convivem. As soluções para a mobilidade podem melhorar em muito as condições da atmosfera próxima das cidades.

É preciso ter políticas habitacionais que resolvam por completo os diversos problemas atinentes a essa área, que são muito maiores do que a falta de habitações, que também é crítico. A política habitacional deve criar condições de remoção de populações que vivem em área de risco, reduzir as calamidades e prejuízos decorrentes de intempéries, *v.g.* cheias de mananciais e deslizamentos de encostas crônicos, encaminhar soluções para a regularização de propriedades que se encontram irregulares, salvaguardar as áreas ambientais protegidas de invasões e destruições, desenvolver políticas de contenção da especulação imobiliária, etc.

Também faz-se necessária uma política de segurança pública que dê tranquilidade para a população, e que seja, ao menos, suficiente para conter os alarmantes números da violência no Brasil, não descurando de criar reais condições dignas de manutenção e ressocialização de custodiados.

Enfim, a quantidade e importância dos problemas que dependem de solução política é muito grande, em decorrência, é fundamental a melhoria dos instrumentos de efetivação e controle democráticos, a renovação e depuração dos quadros políticos, e indispensável a ampliação do acesso à informação livre, especialmente os informatizados.

3.5 O componente jurídico da sustentabilidade

Como afirmado acima, sustentabilidade leva a uma noção de equilíbrio, qualificado por ser intertemporal e intergeracional. Um primeiro questionamento se põe: as gerações vindouras, ainda não existentes, têm direitos? Por outro lado, às gerações atuais é atribuído algum dever para com as gerações futuras? A resposta ao primeiro questionamento, por sua complexidade, foge ao escopo deste trabalho, mas a resposta da segunda questão, que, indubitavelmente, é sim por força do art. 225 da Constituição Federal, indica que até que um conceito sólido possa fundamentar uma resposta adequada sobre os direitos de gerações futuras, o cuidado com o meio ambiente e a atenção para com o cumprimento dos deveres atuais devem ser suficientes para preservar esse bem para o futuro.

Respeitando esse comando, há diversos marcos legais que têm condições de estruturar uma atuação sustentável tanto das instituições públicas como das pessoas físicas e jurídicas privadas. Embora haja muito a fazer, a situação está posta, demandando sua implementação efetiva que passa pela concreção de um novo pacto político-jurídico socioambiental, como afirmam Sarlet e Fensterseifer:

> [...] Há necessidade de transcender de um pacto social para um *pacto socioambiental*, em vista de contemplar o novo papel que o Estado e a sociedade desempenham no âmbito do Estado Socioambiental de Direito. Deve-se projetar uma nova postura política (e também jurídica) para a sociedade civil, que, especialmente sob o marco normativo da solidariedade, deverá compartilhar com o Estado (não obstante em menor intensidade) a carga de responsabilidades e deveres de tutela do ambiente para as gerações presentes e futuras. O comando constitucional expresso no art. 225, *caput*, da CF 88, tem especial relevância, pois traz justamente a ideia de responsabilidades e encargos ambientais compartilhados entre Estado e sociedade, quando subscreve que se impõe "ao Poder Público e à coletividade o *dever*" de defender e proteger o ambiente para as presentes e futuras gerações, destacando que os deveres de proteção e promoção do ambiente, para além do Estado, são atribuídos agora também aos particulares. A ideia de "dever" jurídico – tanto sob a ótica dos deveres de proteção do Estado quanto dos deveres fundamentais dos particulares (pessoas físicas e jurídicas) – é um dos aspectos normativos mais importantes trazidos pela nova "dogmática" dos direitos fundamentais, vinculando-se diretamente com o princípio da solidariedade. (SARLET, 2013, p. 55).

Como medida de efetivação dos direitos, não se pode esquecer que a justiça tem que ocorrer dentro de um horizonte temporal adequado, sob pena de frustrar expectativas quanto à sua efetividade, tornando iníquas as ações em outras áreas, principalmente a partir do desrespeito às leis. É primacial que o Ministério Público aja eficazmente representando o meio ambiente, agindo como fiscal da lei e, principalmente, como sujeito de direito. Instrumentos legais não faltam, exemplificativamente, a titularidade para a defesa do meio ambiente é, especificamente, atribuída pela Lei Complementar nº 75, art. 5º, III, "d". Instrumentos procedimentais estão insertos em diversos diplomas, mas, particularmente, na Lei das ações civis públicas. Em relação à intensidade da atuação, diversos diplomas legais tipificam situações deletérias, como, por exemplo, as Leis nº 12.187/09 e nº 12.305/10.

A existência dos mecanismos para se exigir uma atuação sustentável por parte da sociedade civil e da administração demonstra que a não adoção de medidas tem outra fundamentação. Certamente, o desconhecimento da importância de mudança de atitude e a falta de incentivo político estão entre os principais.

3.6 Sustentabilidade

Sustentabilidade é uma situação de equilíbrio dinâmico das ações humanas com a homeostase da natureza, pela qual a capacidade de recuperação do meio ambiente não é superada por sua exploração, conceito que deve ser adotado pela administração pública em todos os níveis.[56] É condição fundamental para a vida humana, quiçá para a própria vida.

---

[56] O TCU teceu considerações e recomendações de sustentabilidade para toda a administração, por meio do Acórdão 1260/2010 – Segunda Câmara, no qual foi instado a se manifestar a respeito de procedimento licitatório do Ibama, que pretendia contratar serviço de "clipping" impresso. Posteriormente, realizou auditoria visando a fiscalizar a implementação das ações de sustentabilidade recomendadas, Acórdão nº 1752-25/2011, do qual se extrai os primeiros tópicos:
Recomendar ao Ministério do Planejamento, Orçamento e Gestão que apresente, em 90 (noventa) dias, um plano de ação visando a orientar e a incentivar todos os órgãos e entidades da Administração Pública Federal a adotarem medidas para o aumento da sustentabilidade e eficiência no uso de recursos naturais, em especial energia elétrica, água e papel, considerando a adesão do País aos acordos internacionais: Agenda 21, Convenção-Quadro das Nações Unidas sobre Mudança do Clima e Processo Marrakech, bem como o disposto na Lei nº 12.187, de 29 de dezembro de 2009, na Lei nº 9.433, de 8 de janeiro de 1997, na Lei nº 10.295, de 17 de outubro de 2001, no Decreto nº 5.940, de 25 de outubro de 2006, e na Instrução Normativa SLTI/MP nº 1, de 19 de janeiro de 2010;
9.2. determinar à Segecex que estude, em conjunto com a 8ª Secex, a viabilidade de incluir, nos normativos que vierem a tratar das próximas contas da Administração Pública Federal,

Sustentabilidade em processos licitatórios significa comprometer os processos de contratação da administração com a manutenção do equilíbrio acima descrito, para tanto, não basta vislumbrar a obtenção de um objeto imediato, pois o que precisa ser entendido é que, ao efetuar uma contração para aquisição de um bem ou serviço, o procedimento licitatório supre uma necessidade constitucional, que envolve a preocupação com todos os aspectos importantes para a sociedade, objeto mediato da licitação.

Portanto, não se trata de suprir uma carência específica, *v.g.* de papel ou caneta para uma repartição ou a construção de uma rodovia ou a implantação de uma rede de esgotos, o bem adquirido ou o serviço que será prestado, que representam o objeto imediato da licitação, devem corresponder às demais exigências socioambientais e econômicas que determinam padrões mínimos de aceitação.

Licitar com desrespeito a essa orientação de sustentabilidade é atentar contra os princípios da administração, especialmente da eficiência, pois o agir insustentável implicará a necessidade de outras medidas compenstórias.

O próximo capítulo tratará do tema eficiência, cotejado a partir dessa ideia de fundo, qual seja, de que o agir de forma insustentável é agir que atenta contra a eficiência, por incompletude ou inadequação.

---

informações adicionais sobre a execução de medidas pertinentes à sustentabilidade, à luz dos temas tratados no presente relatório de auditoria, bem como que avalie a possibilidade de consolidar essas informações, a fim de fazer parte das Contas do Governo;
[...]

CAPÍTULO 4

O PRINCÍPIO DA EFICIÊNCIA

"Eficiência é um termo utilizado para significar a realização de determinados processos, com a maximização de resultados pela menor utilização de meios" (SILVEIRA, 2009, p. 70). Embora o princípio constitucional seja o da eficiência, dois outros conceitos importam para o tema: o da eficácia e da efetividade. Silveira também demarca as diferenças entre eficiência, eficácia e aquilo que é efetivo: "eficiência é o processo que produz a maior quantidade de resultados com a menor utilização de meios. A eficácia seria a produção de resultados com a maior produção de efeitos e a efetividade a maior produção de efeitos no tempo." (SILVEIRA, 2009, p. 70).

Considerando-se os conceitos acima, é importante perceber que não há uma correlação estrita entre o aumento da eficiência e o aumento do PIB. O aumento da eficiência pode reduzir custos e, consequentemente, os preços finais; assim, sem o aumento da demanda de um bem ou setor específico (aumento dos mercados), o aumento da eficiência poderia, inclusive, levando-se o raciocínio ao limite, conduzir à redução do valor do somatório de produtos, ou seja, embora a eficiência seja um elemento importante para a conquista de novos mercados e na competitividade em geral, o aumento da eficiência pode levar a uma situação de redução dos preços finais, que, de resto, é uma situação já prevista pelos economistas clássicos, embora, em sua maioria, trabalhassem com a ideia de custos marginais decrescentes até o ponto ótimo de ganho de escala e, a partir daí, considerassem uma curva de deseconomia de escala com custos crescentes e consequente perda de eficiência.

Essa abordagem inicial é importante para ampliar os horizontes, criar liames com os capítulos anteriores e deixar ver que o aumento da eficiência é compatível com qualquer alteração econômica, inclusive o decrescimento, a redução do PIB, e, por fim, também é compatível com a melhoria da condição de vida de populações desfavorecidas. Há uma distinção importante entre a eficiência da iniciativa privada e a eficiência da administração pública. Na primeira, o fim a ser alcançado é muito específico, por isso envolve parâmetros bem definidos de mensuração (objetivos). A eficiência da administração pública difere, não tem um único objetivo, trabalha com uma miríade de interesses, uns imediatos, outros mediatos, e, por isso mesmo, envolve, além de variáveis objetivas, outras de cunho humanitário e político, pelas quais a menor distância entre as medidas a serem implementadas e a satisfação das demandas da população nem sempre é um raciocínio retilíneo. Decorre que, embora se possa medir a eficiência administrativa, e o direito dispõe de processos, procedimentos e parâmetros que viabilizam essas medidas, precisar os fins que se almejam é de suma importância, embora os propósitos da Administração sejam (ou deveriam ser) holísticos, exigindo uma interpretação abrangente do conjunto de fatos que lhe são postos. Se há outros fins envolvidos, não será eficiente o ato administrativo que realiza apenas o fim imediato desejado, mas o ato administrativo que alcança os fins imediatos e mediatos, é dizer, é eficiente o ato administrativo que respeita os direitos fundamentais, labora em prol dos objetivos fundamentais da Constituição, particularmente da sustentabilidade, e, atendendo a todo esse conjunto de requisitos, alcança o fim desejado.

Isso não quer dizer que o fim imediato não seja importante, muito pelo contrário. Embora haja um complexo de objetivos nos atos administrativos, a finalidade imediata é, também, fundamental, dá sentido (norteia) a atuação, por isso, qualificar um ato como eficiente implica vinculá-lo a um fim por meio de requisitos que deem clareza à atuação administrativa, daí ser importante saber quais são os motivos e a motivação que embasam os atos da Administração, sem o que se torna impossível falar em eficiência.

A principal função da administração pública é atender ao desiderato constitucional pautado pelos fundamentos da República,[57] com o fim prioritário de atingir os objetivos

---

[57] Aragão tem posição idêntica: "A eficiência, cujo conteúdo jurídico será minudenciado ao longo do texto, não deve ser entendida apenas como maximização do lucro, mas sim

fundamentais, especialmente a dignidade da pessoa humana. Isso possibilita enxergar a Administração por meio de duas óticas: a da própria Administração (dever) e dos administrados (direito – atrelado à capacidade de reivindicar).

Em qualquer caso, a administração funciona adstrita à legalidade, embora possível a discricionariedade nos casos em que esta é atribuída pela lei à autoridade administrativa, pois a sociedade exige muito mais do que a legalidade num sentido estrito, até pela impossibilidade fática da lei prever a integralidade dos casos. Contudo, a falta dos requisitos legais dos atos administrativos e *v.g.* a desídia, a omissão, o desinteresse, a falta de investigação por alternativas "melhores", de cuidado, de educação para com os administrados, a corrupção, etc., todas são características que colocam o atuar fora dos parâmetros legais. Como afirma Justen Filho (2006, p. 144), "a atividade administrativa é um conjunto de ações dirigidas à satisfação de necessidades coletivas e à promoção dos direitos fundamentais, se desenvolve sob a égide do princípio da legalidade" (ótica do dever).

Na ótica dos administrados (direito), a obrigação da administração se traduz no direito a uma boa administração (FREITAS, 2009), no sentido de uma administração que efetivamente atenda às necessidades coletivas e promova os direitos fundamentais.

Assim como ocorreu com os termos desenvolvimento e sustentabilidade, eficiência também é pluridimensional, não pode ser visualizada por apenas um aspecto. Com larga utilização na ciência econômica e na administração, a expressão (dimensão) econômica da eficiência é a mais visível, o que não quer dizer que não exista uma dimensão social ou ambiental da eficiência que, somadas à dimensão econômica, completam o sentido do princípio da eficiência.

Parece ser esse sentido amplo, que abrange os aspectos econômico, social e ambiental, o que melhor se adequa ao conceito exposto na Constituição Federal de 1988. Por essa razão, não se

---

como um melhor exercício das missões de interesse coletivo que incumbe ao Estado, que deve obter a maior realização prática possível das finalidades do ordenamento jurídico, com os menores ônus possíveis, tanto para o próprio Estado, especialmente de índole financeira, como para as liberdades dos cidadãos". ARAGÃO, Alexandre S. Interpretação consequencialista e análise econômica do direito público à luz dos princípios constitucionais da eficiência e da economicidade. *Interesse Público*, Belo Horizonte, ano 11, n. 57, 11 – 30, set/out. 2009, p. 13.

pode dissociar o ato administrativo economicamente eficiente do alcance dos demais objetivos constitucionais, isso quer dizer *v.g.* que, se há uma importante finalidade econômica do ato que se mostra imediata, nem por isso as implicações para as finalidades mediatas podem ser relevadas e *vice-versa*.

Outro aspecto a se observar diz respeito à disponibilidade de recursos. Como a quantidade de recursos é limitada, geralmente inferior à capacidade de realização de todos os objetivos, a Administração, obrigatoriamente, terá que fazer uma escolha, uma vez que o dispêndio para alguns fins significa deixar de realizar outros, é dizer, a sociedade se compõe de um somatório de objetivos, inclusive alguns conflitantes e, até mesmo, contraditórios, quando a Administração visa a alcançar um objetivo específico, deve atentar para as demais consequências de seu agir, desejadas e indesejadas, e para quais objetivos não poderá cumprir, fundamentando adequadamente a escolha.

A impropriedade de se considerar apenas um aspecto dos princípios encontra base na doutrina, no caso específico, o princípio da eficiência não pode ser visto apenas como uma forma de se aplicar os recursos financeiros do Estado de forma a se obter a melhor resposta financeira, *v.g.* em licitações, obter a "proposta mais vantajosa para a Administração", um dos princípios do art. 3º da Lei nº 8.666/93, não significa escolher a proposta de menor custo, mas escolher o objeto que melhor se adéqua às necessidades topologicamente definidas pela Constituição Federal. O menor custo nem sempre corresponderá à proposta mais vantajosa, pois pode impor um ônus social ou ambiental inaceitável. A hermenêutica do princípio exige um olhar apurado sobre as consequências imediatas e mediatas, exige correlacionar a escolha aos diversos fins que a Administração objetiva. Conforme afirma Humberto Ávila (2009, p. 59):

> [...] há incorreção quando se enfatiza que os princípios *possuem* uma dimensão de peso. A "dimensão de peso não é algo que já esteja *incorporado* a um tipo de norma. As normas não regulam sua própria aplicação. Não são, pois, os princípios que possuem uma *dimensão de peso*: às razões e aos fins aos quais eles fazem referência é que deve ser *atribuída* uma dimensão de importância. A maioria dos princípios nada diz sobre o peso das razões. É a decisão que atribui aos princípios um peso em função das circunstâncias do caso concreto. A citada *dimensão de peso (dimension of weight)* não é, então, atributo abstrato dos princípios,

mas qualidade das razões e dos fins a que eles fazem referência, cuja importância concreta é atribuída pelo aplicador.

Retornando à questão das licitações, nem sempre a proposta mais vantajosa será a de menor custo, a definição de vantagem para a Administração deve se pautar por um plexo de necessidades a serem consideradas de forma hierarquizadas, e conter parâmetros fora dos quais a contratação seria impossibilitada em razão do descumprimento dos demais objetivos constitucionais. Um exemplo de limitação às contratações pelo poder público surgiu com a recente introdução do inciso V do art. 29 da Lei nº 8.666/93, que exige dos licitantes a apresentação de certidão negativa de débitos perante a Justiça do Trabalho. De forma semelhante e até mais contundente, atua o princípio do desenvolvimento nacional sustentável em relação ao meio ambiente, até porque há autores que entendem ser a sustentabilidade um princípio hierarquizado, prioritário, um *meta*-princípio (FREITAS, 2011).

Marçal Justen Filho (2012, p. 61), expondo sobre o fim a ser buscado pela licitação, entende que a vantagem a ser obtida é, basicamente, econômica, igualando a ideia de eficiência com vantagem econômica, nos seguintes termos: "Existe um dever de a Administração adotar a escolha mais eficiente para a exploração dos recursos econômicos de sua titularidade. Portanto e como regra, a licitação visa obter a solução contratual economicamente mais vantajosa para a Administração".

Posição diferente possuía em seu Curso de Direito Administrativo de 2006. Ali, especificou um pouco mais o conceito de eficiência administrativa:

> A eficiência administrativa não é sinônimo da eficiência econômica. Numa empresa privada, a autonomia autoriza organizar os fatores da produção segundo as finalidades buscadas egoisticamente pelo empresário – o que autoriza, inclusive, a privilegiar a busca do lucro. Ao contrário, a atividade estatal deverá traduzir valores de diversa ordem, não apenas aqueles de cunho econômico. (JUSTEN FILHO, 2006, p. 86).

A segunda explicação, embora mais distante no tempo, está mais de acordo com a realidade. Não só eficiência não corresponde estritamente a um conceito da economia, como na verdade está relacionado com toda a Administração, principalmente à boa Administração.

Mas o que é uma boa administração? Segundo Freitas (2009, p. 127), é uma administração pública "eficiente e eficaz, proporcional cumpridora de seus deveres, com transparência, motivação, imparcialidade e respeito à moralidade, à participação social e à plena responsabilidade por suas condutas omissivas e comissivas". Para o jurista, a condição para que a administração seja adjetivada como "boa" é, dentre outras, é ser eficiente. Poder-se-ia pensar, no outro extremo, uma administração deficiente é a que, reiteradamente, frustrasse os administrados apresentando mau desempenho. Uma administração para ser boa precisa ser eficiente, mas não necessariamente uma administração eficiente é boa. A eficiência é um requisito para a boa administração, mas com esta não se confunde.

Eficiência relaciona-se ao aproveitamento de recursos disponíveis para a consecução de um fim, incluindo a técnica, o capital humano e material, dentro de um período de tempo adequado às exigências. No caso da Administração, está se falando do melhor aproveitamento dos recursos em relação aos objetivos constitucionalmente definidos e, dentro destes, a aplicação que respeite uma hierarquia de prioridades. Tendo isso como pano de fundo, a eficiência poderá ser medida em relação a um fim específico.

Conforme Ávila (2009, p.92), é preciso especificar os fins "ao máximo: quanto menos específico for o fim, menos controlável será sua realização". A efetividade depende da capacidade de se definir o que se pretende realizar, sob pena de prejuízo do alcance do próprio princípio. Nas palavras do autor:

> O início da progressiva delimitação do fim se faz pela construção de relações entre as próprias normas constitucionais, de modo a estruturar uma cadeia de fundamentação, centrada nos princípios aglutinadores. A leitura da Constituição Federal, com a percepção voltada para a delimitação dos fins, é imprescindível. Po exemplo, em vez de jungir a Administração à promoção da saúde pública, sem delimitar o que isso significa em cada contexto, é preciso demonstrar que a saúde pública significa, no contexto em análise e de acordo com determinados dispositivos da Constituição Federal, o dever de disponibilizar a vacina "x" para frear o avanço da epidemia "y". *Enfim, é preciso trocar o fim vago pelo fim específico* (ÁVILA, 2009, p. 92). (grifos no original).

A realização de um fim é condição para um ato eficiente, mas a medida da eficiência é dada pela capacidade de otimização dos recursos, considerando-se o somatório total de desperdícios e dissipações resultantes de todo o processo. Ressalte-se que o conceito de eficiência pode ser aplicado a praticamente todos os campos do conhecimento, e não é diferente com a termodinâmica que dá suporte para a "nova economia". Assim, para a termodinâmica, a eficiência de um sistema é dada pela menor geração de entropia livre. Um sistema eficiente é aquele que se utiliza da menor quantidade de baixa entropia para a consecução de seus fins (ótica dos insumos), na ótica do resultado total, aquele que tem como resíduo de sua produção a menor quantidade de alta entropia.

Tomando por parâmetro o ideário de propostas fundamentais da Constituição, eficiente será o processo que alcance o máximo de objetivos fundamentais com a utilização e dissipação da menor quantidade de recursos possíveis, em que recursos, como dito, não significam apenas os recursos financeiros, mas a totalidade de recursos disponíveis, e objetivos não são apenas os imediatos, mas também os de longo prazo, incluindo a disponibilidade de recursos naturais e a possibilidade de uma vida saudável e plena das gerações futuras. É a extrapolação dos princípios de interpretação sistemática para a lógica administrativa, é dizer, não basta para que a atuação seja eficiente que atenda ao objeto imediato, necessário se faz atender a um complexo de interações, que inclui o atendimento às necessidades básicas, mas também ao interesse das futuras gerações, do meio ambiente, etc.[58]

Surge, então, o problema da quantificação e comparação de eficiências, que sempre foi sofisticado, aliado ao problema da ética.

Na economia, o modelo "paretiano" tornou-se o mais conhecido, tratando em nível teórico a comparação de utilidades visando à obtenção de um patamar de atividades considerado ótimo, mas a introdução da eficiência no mundo jurídico aumenta a quantidade de variáveis e impõe a necessidade de raciocínios políticos, para além de decisões meramente técnicas. Aqui, a determinação das "quantidades de utilidades" não pode ser reduzida a representações monetárias.

---

[58] Conforme Juarez Freitas: [...] imperioso tornar vívida, mais funda e, especialmente, prática a compreensão (necessariamente prescritiva) da totalidade (não totalizante) do Direito (mais do que das leis), sobretudo quando se assume que o núcleo do sistema surge constituído de valores e de princípios que transcendem o âmbito da lógica estrita, por ter o intérprete jurídico, mesmo nos casos simples, que operar também com inferências não dedutivas. FREITAS, Juarez. *A interpretação sistemática do direito*. 5. ed. São Paulo: Malheiros, 2010ª, p. 34.

Além disso, a eficiência jurídica se compõe do elemento justiça, que pode, inclusive, conflitar com a ideia de eficiência estritamente econômica, embora também haja quem pense numa correlação estreita entre eficiência e justiça.[59]

Embora se possa vislumbrar situações em que relação entre a eficiência e a justiça seja contraditória, *v.g.* quando se trata exclusivamente de eficiência econômica, estrita maximização de lucros em detrimento de fatores sociais e ambientais, também há situações em que a correlação é positiva e gera resultados sinérgicos. Conforme expõe Silveira (2009, p. 76), citando Casamiglia, em, pelo menos, cinco sentidos há uma relação de conexão entre justiça e eficiência:

> 1º) Uma sociedade idealmente justa é uma sociedade eficiente;
>
> 2º) Uma sociedade justa e equitativa dificilmente será uma sociedade que desperdiça, não utiliza ou subutiliza recursos;
>
> 3º) A eficiência é um componente da justiça, embora não seja nem o único, nem o principal critério de justiça;
>
> 4º) A eficiência, entendida como processo de maximização da riqueza social, exige intervenções regulatórias, corretivas ou estratégicas do Estado no mercado e;
>
> 5º) Existe uma utilidade em observar se os mecanismos jurídicos de controle são eficentes na produção de riqueza social.

Também aqui a filosofia pode contribuir com os conhecimentos sobre ética, pois a ética é a disciplina do agir racional e o agir eficiente não pode ser aleatório. O que se pretende com eficiência tem que ser planejado, treinado e bem executado, e ação governamental tem (ou deveria ter) por pressuposto uma grande elaboração. Segundo Jonas (2012, p. 120), "em um agir de alguma forma racional, desejou-se o objeto posterior antes do anterior, ou seja, este foi desejado em função do posterior", daí que a administração também tem que ter uma eficiência ética. Para Freitas (2009, p. 16), [...] a ineficiência e a ineficácia tem uma importante ligação com o descumprimento dos deveres éticos.

Como cediço, a Administração tem a obrigação de planejar seus atos, inclusive por força constitucional. Assim, o art. 165 da

---

[59] Para ALVAREZ (2006 apud Silveira, 2009, p. 75), um sistema justo é um sistema eficiente ou o sistema eficiente é um sistema justo. SILVEIRA, Paulo A. Calienda Velloso da. *Direito tributário e análise econômica do direito*: uma visão crítica. Rio de Janeiro: Elsevier, 2009.

Constituição Federal impõe a necessidade do estabelecimento de diversos planos relativos aos gastos dos entes federados (plurianual, diretrizes orçamentárias e os orçamentos anuais), e o mesmo artigo no §8º impõe que a lei orçamentária anual não conterá dispositivo estranho à previsão de receita e à fixação da despesa (salvo poucas exceções). Nesse sentido, a própria fiscalização da gestão fiscal tem por finalidade a busca da eficiência, conforme o art. 67, II, da Lei Complementar nº 101. O planejamento se dissemina na estrutura administrativa e deve pautar a imensa maioria dos atos que, ao serem praticados, devem estar fundados em fatos e no direito, exceção para aqueles cotidianos, de mero expediente e os que estão dispensados de fundamentação por norma específica.

A esfera do planejamento é, provavelmente, o principal campo de batalha da eficiência. A antevisão do futuro, o pensar uma sociedade harmoniosa, saudável, plúrima, com menos desigualdades, gerida por pessoas probas e éticas, e pôr esses objetivos em prática, são os requisitos de uma boa administração. Mensurar as ações dessa administração na consecução responsável desses objetivos é outro requisito fundamental para a verificação da eficiência.

Como consecução responsável é de se demonstrar exemplificando na história da economia e da administração pública brasileira nos últimos 40 anos. A economia passou por ciclos de altos níveis de inflação e de inflação contida, movidos principalmente em grande medida pelo combustível do desequilíbrio orçamentário e fiscal, problemas de gestão, dentre outros. O caso clássico do empobrecimento pelo mecanismo inflacionário até 1994, que assolou a todos, mas principalmente àqueles que não dispunham da proteção do sistema financeiro,[60] demonstra

---

[60] O período que segue desde o início dos anos 1980 até julho de 1994 foi de grande aceleração inflacionária, é dizer, a cada perído a inflação ganhava força e se tornava maior (salvo curtas exceções). Nesse conário de inflação alta, com taxa ascendente, a base monetária, representada pelo dinheiro vivo (notas e moedas), perdia valor a cada instante, por desvalorização, por exemplo, em março de 1990 o IPCA chegou a 82,38% e o IGP-M a 83,95%, taxas essas mensais. Indivíduo com ganhos fixos sem proteção financeira, que não dispunha de conta bancária remunerada, chegava ao final do mês com seu salário valendo cerca de 54% do que valia no dia primeiro. Esta é, talvez, a mais cruel forma de concentração de renda. Ao mesmo tempo, uma inflação alta impossibilita qualquer planejamento, mina a criação de empregos, reduz os investimentos, enfim, cria o caos econômico, por consequência social, ambiental, etc. A origem da hiperinflação brasileira nesse perído não tem causa única, mas deve-se ao grande endividamento, aumento do custo da dívida, redução das disponibilidades de captação de recursos para financiar os investimentos internos, falta de poupança interna,

os riscos e a gravidade de uma má gestão do orçamento e dos gastos públicos, por outro lado, os investimentos devem ter por horizonte o imediato sem desconsiderar o médio e o longo prazos, visando retornos como os decorrentes da melhoria das condições sociais. É nesse sentido que eficiência tem que se coadunar com os objetivos da Constituição, em primeiro plano, eficiente será a atuação que tiver por objetivo realizar os direitos fundamentais que têm por pressuposto de sua concretização a necessidade de comportamentos sustentáveis, com ênfase a ser dada em medidas de redução das emissões de gases de efeito estufa, eficiência energética, fornecimento de água tratada e tratamento de esgotos sanitários e industriais, disponibilização de serviços médicos adequados, adoção de soluções de mobilidade urbana, poluição atmosférica, políticas habitacionais, segurança pública, etc.

Enfim, eficiência, embora se componha de elementos econômicos, principalmente responsabilidade fiscal e orçamentária, não pode deixar de lado objetivos sociais e ambientais, variáveis muitas vezes de difícil mensuração econômica imediata, é dizer, a medida qualitativa da eficiência demanda o cotejo do dispêndio econômico considerando o montante de benefícios obtidos para além do econômico imediato.

4.1 O princípio da eficiência no direito brasileiro recente

A exigência de eficiência na administração pública brasileira é mais antiga do que a ideia comum de que o princípio só foi introduzido na Constituição Federal pela Emenda Constitucional nº 19/98. Na verdade, a própria Constituição de 1988 já aludia expressamente a eficiência nos arts. 74, II e 144, §7º, desde sua promulgação. O art. 74 não deixa dúvidas de que a administração deve buscar alcançar eficiência para fins econômicos financeiros, embora uma interpretação mais abrangente do conceito de eficiência demonstre que se trata de eficiência em sentido "lato".

---

má gestão, investimentos ineficientes, problemas orçamentários e fiscais, dentre outros. Em muitos aspectos situação semelhante à vivida pelo Brasil em 2015.

Antes da Constituição e muito anteriormente à Emenda Constitucional nº 19, o princípio da eficiência já se mostrava exigível. Na esfera administrativa, o Decreto-Lei nº 200/67 prevê, no art. 26, que a administração indireta será supervisionada pelos ministérios visando a sua eficiência administrativa, além de exigir o controle das atividades da administração em todos os níveis (art. 13). Mas não é só, também previa a utilização do princípio da eficiência nos arts. 27, 30, § 2º, 100 e 116, I. No art. 100, prevê a instauração de processo administrativo para demissão ou dispensa de servidor efetivo ou estável comprovadamente ineficiente.

Após a promulgação da Constituição, mas antes da Emenda Constitucional nº 19, o princípio da eficiência já aparecia no Código de Defesa do Consumidor, que determina, ao tratar dos serviços públicos, a necessidade da prestação de qualidade, exigência disposta nos arts. 4º, VII; 6º X; e, principalmente, no artigo 22, em que, especificamente, determina a eficiência como uma característica necessária do serviço público.

A Lei nº 8.987/95 também aduz ao princípio da eficiência nos artigos 6º e 7º.

Na seara específica das licitações e contratos administrativos, é preciso atentar para a própria Lei nº 8.666/93, que, por intermédio do art. 43, II, desclassifica as propostas que não sejam eficientes, particularmente aquelas que não apresentam índices de produtividade compatíveis com o contrato. Produtividade aqui nada mais é do que eficiência, nos seguintes termos:

> Art. 48. Serão desclassificadas:
> [...]
> II – propostas com valor global superior ao limite estabelecido ou com preços manifestamente inexequíveis, assim considerados aqueles que não venham a ter demonstrada sua viabilidade através de documentação que comprove que os custos dos insumos são coerentes com os de mercado e *que os coeficientes de produtividade são compatíveis com a execução do objeto do contrato*, condições estas necessariamente especificadas no ato convocatório da licitação. (grifos nossos).

Eficiência na Administração, portanto, não é um conceito novo, nem descasado com os seus objetivos. Todavia, há autores que tomaram o princípio da eficiência de uma forma negativa, com severas críticas à EC/19, acolhendo-o pelo viés simplista de redução do Estado (GABARDO, p. 2003), olvidando que o mesmo princípio pode servir a uma outra visão de Estado, além daquela vigente no momento da modificação constitucional. Também bastante contundente é a posição de Celso Antônio Bandeira de Mello, que sequer admite o princípio da eficiência como tal, nominando-o como princípio da boa administração, não se dando conta de que a eficiência é apenas um dos elementos constituintes de uma boa administração. Para o ilustre doutrinador:

> A constituição se refere, no art. 37, ao princípio da eficiência. Advirta-se que tal princípio não pode ser concebido (entre nós nunca é demais fazer ressalvas óbvias) senão na intimidade do princípio da legalidade, pois jamais uma suposta busca de eficiência justificaria postergação daquele que é o dever administrativo por excelência. O fato é que o princípio da eficiência não parece ser mais do que uma faceta de um princípio mais amplo já superiormente tratado, de há muito, no Direito italiano: o princípio da 'boa administração'. (BANDEIRA DE MELLO, 2011, p. 122).

De fato, não se pode imaginar a Administração moderna do Estado desconsiderando padrões de eficiência, ou agindo sem analisar os resultados de sua atuação ou, ainda, permitindo a escolha discricionária pura de objetivos sem correspondência com metas (exigências que se encontram definidas já na Lei nº 4.320/64), a exemplo do que exige o plano plurianual na Lei Complementar 101,[61] dentre outras disposições legais. O mesmo raciocínio tem Jessé Torres Pereira Júnior:

> Perceba-se que a eficiência, a partir do momento em que ingressou como princípio no texto constitucional (EC nº 19/98, que a inseriu na cabeça do art. 37), deixou de ser apenas uma proposta politicamente

---

[61] Art. 4º A lei de diretrizes orçamentárias atenderá o disposto no §2º do art. 165 da Constituição e:
I – disporá também sobre:
[...]
e) normas relativas ao controle de custos e à avaliação dos resultados dos programas financiados com recursos dos orçamentos;
[...]
§2º O Anexo conterá, ainda:
I – avaliação do cumprimento das metas relativas ao ano anterior;
II – demonstrativo das metas anuais, instruído com memória e metodologia de cálculo que justifiquem os resultados pretendidos, comparando-as com as fixadas nos três exercícios anteriores, e evidenciando a consistência delas com as premissas e os objetivos da política econômica nacional;
[...]

correta para tornar-se um dever jurídico, imposto a todos os que gerem a Administração Pública brasileira, direta ou indireta, em qualquer dos poderes da União, dos Estados, do Distrito Federal ou dos Municípios. Os mesmos mencionados no art. 70, parágrafo único, da CF/88, com a redação da Emenda Constitucional nº 19/98. (PEREIRA JÚNIOR, 2007, p. 54).

Os reflexos do princípio da eficiência podem ser pontuados na atuação da administração. De há muito que o Brasil vem se comprometendo com metas relacionadas aos indicadores sociais. Notadamente grande avanço se conquistou em algumas áreas, *v.g.* com a ampliação do acesso ao ensino fundamental e o combate à miséria extrema, mas, desde fins de 2009, as preocupações com o meio ambiente também se tornaram mensuráveis em termos de objetivos de eficiência por meio de dispositivo legal, isto porque a Lei nº 12.187/09, no seu art. 12,[62] fixou objetivos de redução de emissão de gases de efeito estufa por emissões antrópicas, implicando claramente um objetivo ambiental, cujo alcance poderá ser monitorado, inclusive por meio do planejamento de ações, com ampla possibilidade de verificação do *status* de sua implementação.

Na esfera ambiental, um meio ambiente equilibrado é um direito e um dever desde a promulgação da Constituição Federal de 1988. As concretizações do disposto na Constituição foram pouco a pouco acontecendo à medida que surgiram legislações específicas. A Lei da Política Nacional de Mudanças Climáticas especificou que é um dever de todos atuar em benefício das presentes e futuras gerações para reduzir os impactos das interferências antrópicas no clima, determinando no inciso IV do art. 3º que o desenvolvimento sustentável é condição para enfrentar as alterações climáticas e, os objetivos da PNMC, deverão estar em consonância com o desenvolvimento sustentável a fim de buscar o crescimento econômico, a erradicação da pobreza e a redução das desigualdades sociais. Nesse sentido, sendo a eficiência a melhor forma de se atingir a um fim, o desenvolvimento eficiente somente se alcançará com a implementação de práticas sustentáveis.

---

[62] Lei nº 12.187/09, art. 12: Para alcançar os objetivos da PNMC, o País adotará, como compromisso nacional voluntário, ações de mitigação das emissões de gases de efeito estufa, com vistas em reduzir entre 36,1% (trinta e seis inteiros e um décimo por cento) e 38,9% (trinta e oito inteiros e nove décimos por cento) suas emissões projetadas até 2020.

De seu turno, a Lei nº 12.462/11, que instituiu o regime diferenciado de licitações – RDC, aplicado exclusivamente nos casos especificados no art. 1º (que vêm sendo ampliados gradativamente), especialmente nas licitações e contratos necessários à realização dos jogos olímpicos e paraolímpicos de 2016, às obras da Copa do Mundo e das Confederações de 2013 e 2014, às obras de infraestrutura e de contratação de serviços para os aeroportos especificados na lei das ações integrantes do Programa de Aceleração do Crescimento (PAC), das obras e dos serviços de engenharia no âmbito do Sistema Único de Saúde (SUS), e das obras e serviços de engenharia para construção, ampliação e reforma de estabelecimentos penais e unidades de atendimento socioeducativo, e à realização de obras e serviços de engenharia no âmbito dos sistemas públicos de ensino, tem por objetivo expresso no inciso I, do §1º, ampliar a eficiência nas contratações públicas e a competitividade entre os licitantes.

Interessante notar que, sendo uma lei que tem por objetivo o aumento da eficiência, além de repetir os princípios gerais de licitação, insculpidos no art. 3º da Lei nº 8.666/93, a Lei do RDC trata, no art. 10, da possibilidade de remuneração variável vinculada a critérios de sustentabilidade, ressaltando a necessidade de motivação, porém, contraditoriamente afirma, no art. 14, que "poderão" ser exigidos requisitos de sustentabilidade ambiental, na forma da legislação aplicável, dando uma ideia de que esses requisitos sejam dispensáveis, a *contrario sensu* do que dispõem os princípios, em especial, do desenvolvimento nacional sustentável.

A Lei nº 12.187/09, que trata da política nacional de mudanças climáticas, determina no inciso XII, do art. 6º, que se estabeleçam critérios de preferência nas licitações e concorrências públicas, compreendidas aí as parcerias público-privadas e a autorização, permissão, outorga e concessão para exploração de serviços públicos e recursos naturais, para as propostas que propiciem maior economia de energia, água e outros recursos naturais, e redução da emissão de gases de efeito estufa e de resíduos, em outras palavras, as licitações, que têm como princípio a proposta mais vantajosa para a administração, ou seja, seleciona a proposta a partir de critérios que visam ao atendimento de um fim, somente se perfectibilizariam quando houvesse a confluência de melhor preço, oferta técnica que utilize menos recursos naturais e impactem o menos possível o meio ambiente, em outras palavras, a melhor proposta é a do fornecedor com as melhores práticas sustentáveis (sob pena de baixo retorno econômico). Nesse sentido, a sustentabilidade diretamente implica a eficiência do fornecedor.

Por fim, a Lei nº 12.305/10, explicitamente, valoriza a eficiência a partir da prática sustentável. De acordo com o inciso V, do art. 6º, a ecoeficiência é um dos princípios da Política Nacional de Resíduos Sólidos, mediante a "compatibilização entre o fornecimento, a preços competitivos, de bens e serviços qualificados que satisfaçam as necessidades humanas e tragam qualidade de vida e a redução do impacto ambiental e do consumo de recursos naturais" em um nível, no mínimo, equivalente à capacidade de sustentação estimada do planeta, tudo isso para que os objetivos da lei sejam atingidos.[63]

Em face da aplicação generalizada na legislação nacional, Jessé Torres Pereira Júnior faz a seguinte afirmação:

> O princípio da eficiência está, hoje, por toda parte, entre os cânones fundamentais da gestão do Estado que se pretenda voltada para os

---

[63] Art. 7º São objetivos da Política Nacional de Resíduos Sólidos:
I – proteção da saúde pública e da qualidade ambiental;
II – não geração, redução, reutilização, reciclagem e tratamento dos resíduos sólidos, bem como disposição final ambientalmente adequada dos rejeitos;
III – estímulo à adoção de padrões sustentáveis de produção e consumo de bens e serviços;
IV – adoção, desenvolvimento e aprimoramento de tecnologias limpas como forma de minimizar impactos ambientais;
V – redução do volume e da periculosidade dos resíduos perigosos;
VI – incentivo à indústria da reciclagem, tendo em vista fomentar o uso de matérias-primas e insumos derivados de materiais recicláveis e reciclados;
VII – gestão integrada de resíduos sólidos;
VIII – articulação entre as diferentes esferas do poder público, e destas com o setor empresarial, com vistas à cooperação técnica e financeira para a gestão integrada de resíduos sólidos;
IX – capacitação técnica continuada na área de resíduos sólidos;
X – regularidade, continuidade, funcionalidade e universalização da prestação dos serviços públicos de limpeza urbana e de manejo de resíduos sólidos, com adoção de mecanismos gerenciais e econômicos que assegurem a recuperação dos custos dos serviços prestados, como forma de garantir sua sustentabilidade operacional e financeira, observada a Lei n° 11.445, de 2007;
XI – prioridade, nas aquisições e contratações governamentais, para:
a) produtos reciclados e recicláveis;
b) bens, serviços e obras que considerem critérios compatíveis com padrões de consumo social e ambientalmente sustentáveis;
XII – integração dos catadores de materiais reutilizáveis e recicláveis nas ações que envolvam a responsabilidade compartilhada pelo ciclo de vida dos produtos;
XIII – estímulo à implementação da avaliação do ciclo de vida do produto;
XIV – incentivo ao desenvolvimento de sistemas de gestão ambiental e empresarial voltados para a melhoria dos processos produtivos e ao reaproveitamento dos resíduos sólidos, incluídos a recuperação e o aproveitamento energético;
XV – estímulo à rotulagem ambiental e ao consumo sustentável.

> resultados, vale dizer, gerir com eficiência (relação entre o resultado alcançado e os recursos utilizados, isto é, relação custo-benefício) e eficácia (extensão na qual as atividades planejadas são realizadas e os resultados planejados são alcançados, isto é, consecução das finalidades)... o princípio da eficiência implica o dever jurídico, vinculante dos gestores públicos, de agir mediante ações controladas e avaliadas em função dos benefícios que produzem para a satisfação do interesse público. (PEREIRA JUNIOR, J. T. 2009b, p. 64)

Por todo o exposto, o princípio da eficiência não está adstrito à eficiência econômica, senão que o aspecto econômico é apenas um dentre os que devem ser observados para a determinação da eficiência do ato administrativo.

4.2 A análise econômica do direito

O tema da eficiência econômica está muito presente na chamada "análise econômica do direito (AED)", que busca interpretar o direito e suas instituições por meio de instrumentais não jurídicos, oriundos da ciência econômica, inclusive sugerindo que conceitos econômicos podem determinar a formação de elementos da teoria jurídica; em decorrência, esse estudo não poderia passar ao largo dessa importante forma de ver o direito. Para os adeptos da AED, os problemas judiciais devem ser resolvidos a partir de premissas econômicas que determinarão ao fim a solução que gera mais utilidade total e menores custos sociais, por essa ótica, pressupondo-se uma situação de homogeneidade no momento dos fatos, em um caso judicial, dentre duas decisões conforme o direito, o juiz deve optar por aquela que vier a resultar na maior quantidade de bem-estar, aquela que gerar a maior utilidade total.

A AED tem dois autores que podem ser considerados seminais, Guido Calabresi e Ronald Coase. Calabresi foi quem primeiro tratou do tema da AED focado na responsabilidade civil extracontratual, a partir do artigo "Somes thouhts on risk distribution and the law of torts", no qual aborda os custos oriundos das ações de reparação de dano. Calabresi observa que duas são as fontes principais de custos, a efetiva reparação de danos, quando acidentes ocorrem e os custos de prevenção, quando não há acidentes, mas, mesmo assim, há dispêndios. A principal conclusão do autor é que a pretensão de evitar todos os sinistros é inviável, uma vez que os custos marginais para a redução absoluta dos danos a zero gera um custo inviável para a empresa e a sociedade, sendo um objetivo utópico. Algum grau de risco e perdas mínimas devem ser assumidos. Nesse sentido, a economia deve funcionar dentro de uma zona de equilíbrio [dinâmico] dentro da qual os riscos mais prováveis são garantidos e há investimentos para sua prevenção, mantendo-se os ônus da desproteção para os improváveis, por ser economicamente inviável segurar eventuais sinistros.

Entendimento análogo adota Cass Sunstein (SUNSTEIN, 2012) ao se referir ao princípio da precaução, afirmando ser esse princípio paralisante, inviável se adotado em sua forma forte, pois todas as ações humanas, em certa medida, envolvem riscos e alguma forma de utilização do meio ambiente, assim, não se pode prevenir a integralidade dos fatos:

> O princípio da precaução tem influenciado significativamente sistemas jurídicos no mundo inteiro. Em suas formas mais fortes e características, o princípio impõe o ônus da prova àqueles que criam riscos potenciais e requer a regulação de atividades, ainda que não se possa demonstrar que tais atividades tendem a causar danos significativos. Tomado nesta forma forte, o princípio da precaução deve ser rejeitado, não porque conduz a uma direção equivocada, mas tão-somente por não conduzir a direção alguma. O princípio é literalmente paralisante – proibindo inação, regulação rígida e mesmo ações intermediárias. A razão é que, nos casos relevantes, cada passo, incluindo a inação, cria risco à saúde, ao meio ambiente ou a ambos. (SUNSTEIN, 2012, p. 1).

Mas dois aspectos são fundamentais na aplicação da AED sob a ótica da sustentabilidade: primeiro, a contemplação dos custos deve ser feita dentro de um horizonte de tempo compatível com as presentes e futuras gerações, ou seja, as análises devem considerar os efeitos de longo prazo; em segundo, a análise deve contemplar as externalidades atinentes ao processo econômico, particularmente a poluição ambiental, fatores de concentração de renda e demais componentes sociais necessários para a correta análise.

Coase, demonstrou, já em 1937, a partir de um trabalho denominado "a natureza da firma", que o custo de utilização do mercado e suas instituições é que determinam a natureza da firma. Para o autor, havia uma substancial diferença entre a teoria dos custos de mercado e a realidade das empresas, pois os custos de mercado significam apenas uma parte dos dispêndios da comercialização de seus produtos, outro montante, ainda mais significativo, não estava sendo considerado, como, por exemplo, os custos relativos aos direitos de propriedade, deixando claro que havia uma incompletude na teoria microeconômica tradicional. Esses custos são extremamente relevantes para definir formas societárias, espécies de contratos, incentivar a produção de instituições de direito, pois a empresa ou o empresário sempre buscará reduzir seus custos, suas incertezas e seus riscos, tornando mais eficiente seu negócio por meio do desenvolvimento de novas ferramentas que possam superar as dificuldades impostas pela tributação, pelo mercado, etc.

A importância da firma para que o mercado alcance um elevado nível de eficiência é muito grande, basta visualizar o papel de alguém que organiza um negócio, por exemplo, uma fábrica. É necessário determinar quais insumos serão usados, contratar pessoas, treinar essas pessoas, organizar a produção esquematizando quando e onde cada operação se realizará, pensar em contabilidade, estoques, transportes, canais de vendas, etc. Da mesma forma, um contrato torna muito mais eficiente uma negociação, uma vez que evita rediscussões, reduz riscos e incertezas, e fixa padrões.

Essas ferramentas tendem a reduzir custos de diversas maneiras, seja pela criação de eficiências negociais, por exemplo, os contratos evitam a discussão de temas previamente acordados, estabelecem padrões de conduta e objetivos, evitando que as partes envolvidas estejam em permanente conflito e negociação, da mesma forma os estabelecimentos atalham as decisões dos consumidores e as empresas organizam atividades que, de outra forma, seriam muito complexas ou demandariam uma concertação quase impossível entre atividades complementares ou sucessivas.

Como explica Silveira, existem três categorias de custos relevantes para Coase, mas o que importa é que esses diferentes custos impedem que o agente econômico tenha cem por cento de conhecimento da situação relativa à sua atuação econômica, assim, a economia clássica está errada, não há a chamada racionalidade total, ao contrário, o mercado trabalha com certo nível insuperável de incerteza, que, nesse aspecto, se aproxima da conclusão de Calabresi.

> Coase demonstrou que as análises tradicionais sobre a teoria microeconômica eram incompletas, visto que unicamente incluíam os custos de produção e transporte e negligenciavam os custos de celebração e execução de um contrato, bem como de administrar uma firma. Segundo o autor, esses custos podem ser denominados de *custos de transação*, visto que representam uma parte considerável dos recursos de uma sociedade utilizados para manter o mecanismo social de trocas e negociação. (SILVEIRA, 2008, p. 19). (grifos no original).

A interpretação de Coase sobre o fenômeno econômico estabelece uma primazia da eficiência de custos para a tomada de decisões, além disso, afirma que, na verdade, as partes têm conhecimento assimétrico e parcial sobre a transação e seus efeitos futuros, aspectos importantes para entender a conexão com o problema da externalidade representada pela degradação ambiental, má distribuição de renda, dentre outras e que difere profundamente da teoria econômica clássica que tem por premissa o fato de que todos os agentes têm o mesmo conhecimento, sabem, de maneira igual, o que ocorre na economia.

Em 1960, Coase publicou uma segunda grande contribuição, o texto "o problema dos custos sociais", fundamental para o reconhecimento da "Análise Econômica do Direito". Aqui, fica evidente que o problema das análises realizadas pela economia clássica está na abordagem do problema de custos. Trata-se de um erro que impede a visualização da integralidade da situação fática; com isso, as considerações de custos são feitas a partir de ganhos ou perdas individualizadas, sem considerar a integralidade dos custos e ganhos envolvidos. O autor ressalta, ainda, que os problemas de economia devem ser vistos pela ótica do direito, inclusive porque o direito ao coibir ou incentivar[64] uma atividade ou uma forma de produção ou execução de uma tarefa, é, também, um elemento importante para a definição de investimentos e direcionamento de recursos.

---

[64] A ideia de incentivo pelo sistema jurídico é mais desenvolvida em Posner. O autor adotará como premissa que as normas positivadas têm caráter de incentivos, para estimular ou coibir atitudes, com poder de influenciar decisões de alocação de recursos.

O autor utiliza-se das teses de Pigou, economista do início do século XX. A análise parte do princípio de que a assertiva clássica de que o governo deve intervir, restringindo os agentes econômicos responsáveis pela geração de externalidades negativas. O mecanismo seria o uso da tributação ou de legislação específica, dificultando e tornando mais custosa a ação do agente responsável por efeitos nocivos do ponto de vista social. Coase ressalta que o problema da externalidade é simétrico. Se A causa danos a B, restrições a A em benefício de B causam danos a A. A questão fundamental é saber dos males qual o menor, em termos de custo social, olhando a situação em sua totalidade.

> Se os fatores de produção são pensados como direitos, torna-se mais fácil compreender que o direito de fazer algo que gera efeitos prejudiciais (tais como a emissão de fumaça, barulho, odores, etc.) é, também, um fator de produção. (COASE, 2012, p. 36).

Neste texto, Coase ressalta a importância da estrutura de direito que embasa a formação dos negócios e a garantia dos direitos em discussões relevantes para a formação de preços e custos, aludindo exatamente ao problema da eficiência do mercado sob a influência dos arranjos jurídicos:

> Uma vez que os custos das transações realizadas no mercado são levados em conta, fica claro que a aludida realocação de diretos somente ocorrerá quando o aumento no valor da produção por ela gerado for maior do que os custos incorridos para implementá-la. Quando esse aumento for menor, a concessão de uma ordem judicial (*injunction*) (ou o conhecimento de que ela será concedida), ou a responsabilização pelo pagamento de perdas e danos, podem resultar na cessação de uma atividade (ou podem evitar que ela seja iniciada) que seria realizada caso as transações se dessem sem custos. Nessas condições, a delimitação inicial dos direitos exerce influência sobre a eficiência com a qual o sistema de preços opera. Um arranjo de direitos pode ser o mais apto, entre todas as alocações possíveis, a gerar um grande valor de produção. Mas, a não ser que esta já seja a alocação de direitos estabelecida pelo sistema jurídico, os custos para se atingir os mesmos resultados pela alteração e combinação dos direitos pelo mercado podem ser tão elevados que esse arranjo ótimo de direitos, e a maximização do valor da produção dele advinda, podem jamais ser atingidos. (COASE, 2012, p. 13).

O autor contrapõe ao cálculo da economia clássica em casos de responsabilidade civil ao cálculo que julga necessário estabelecer, ou seja, contrapõe a existência de um dano e sua correspondente necessidade de pagar em face de uma análise que considera como um todo a atividade do lesado e do lesante, para perquerir qual situação gera mais benefícios de forma total para a sociedade e, só então, concluir quais medidas devem ser tomadas para se atingir a situação de maior eficiência decisória.

> O problema que enfrentamos quando lidamos com atividades que causam efeitos prejudiciais não é o de simplesmente coibir os responsáveis por elas. O que tem de ser decidido é se o ganho obtido ao se impedir o dano é maior do que a perda que seria sofrida em outros lugares como resultado da proibição da atividade produtora desse mesmo dano. Num mundo em que há custos para se realocar os direitos estabelecidos pelo sistema jurídico, as cortes estão, de fato, nos casos que envolvem a causação de incômodos, tomando uma decisão acerca do problema econômico e determinando como os recursos devem ser empregados. Foi sustentado que as cortes têm consciência disso e que, ainda que de forma não explícita, fazem, com frequência (sic), a comparação entre o que se ganharia e o que se perderia com a proibição das atividades-fonte de efeitos prejudiciais. Mas a delimitação de direitos é, também, resultado de disposições legais. Aqui, igualmente, encontramos evidências da apreciação da natureza recíproca do problema. Enquanto as leis aumentam a lista de incômodos, ações governamentais são tomadas para se legalizar o que, de outra forma, seria considerado um dano pelo *common law* (COASE, 2012, p. 22).

Coase é um autor fundamental para a análise econômica do direito e destacou muito bem o fato de que é necessário olhar para além do dano ou do custo imediato, é preciso considerar as externalidades econômicas como um todo, analisando todas as atividades envolvidas no fato. Extrapolando sua posição para o campo da sustentabilidade, as externalidades da economia em relação ao meio ambiente, principalmente sua degradação por meio da poluição, exprimem um conhecimento apenas parcial de seus efeitos, e, principalmente, a consideração de um horizonte de eventos de curto prazo. Adicionando-se os conceitos de sustentabilidade e analisando os custos sociais e de operação das firmas sob a ótica de seus componentes, social, ética, ambiental, político e jurídico, parece ficar claro que a eficiência econômica é grandemente afetada. Sendo os custos em termos de sustentabilidade significativos, seja porque a atividade é poluidora, seja porque não apresente padrões sociais condizentes com a dignidade da pessoa humana, ou, ainda, sendo uma atividade eticamente discutível, ou que não considere as necessidades das futuras gerações, ou qualquer outra situação desconforme com padrões sustentáveis de atuar, em qualquer desses casos, a eficiência, mesmo considerada estritamente pela ótica econômica, estará afetada ao se analisar seus custos pelos instrumentos da análise econômica do direito.

Outros autores também são importantes para a compreensão da AED e, dentre muitos que poderiam ser citados, talvez o mais importante seja Posner, que tem uma análise muito importante para despertar o interesse por atividades sustentáveis e provar a importância da sustentabilidade para a eficiência. Trata-se do princípio do equilíbrio, pelo qual se mede o custo de oportunidade do indivíduo que toma uma decisão, em outras palavras, a análise por parte do decisor das perdas e dos ganhos em relação a uma decisão sobre as alternativas. No cotejo do custo de oportunidades, o indivíduo opta por uma ou mais alternativas a sua disposição, mas a análise fará o cotejo daquilo que ele deixou de ganhar com as opções que preteriu.

Tendo-se por pressuposto um horizonte temporal de longo prazo, para abranger ao menos mais de uma geração, a análise de Posner tem grande importância em relação ao meio ambiente e a produção de novas tecnologias menos degradantes e decisões socialmente mais inclusivas. A adoção de tecnologias mais eficientes, principalmente em termos de conservação de recursos (em especial, energia), pode gerar todo um campo novo de pesquisas e produção, dinamizando os ciclos de longo prazo, baseados em pesquisa e desenvolvimento preconizados por Schumpeter.

Para Posner, os recursos escassos tendem a ser alocados de maneira mais eficiente se os indivíduos estão realizando os intercâmbios sem a interferência governamental. (POSNER, 2001, p. 357).

Especificamente no Brasil, o governo representa um percentual muito grande da economia e age intensiva e constantemente como importante alocador de recursos nos setores intensivos em capital,[65]

---

[65] Pode-se afirmar que a concentração de capital nas mãos governamentais gera realmente um problema de eficiência, que não cabe aqui maiores dilações, mas que pode ser comprovado pela histórica diferença de eficiência do capital entre os diversos países. A esse respeito veja-se interessante análise de Piketty, T., 2014 (Piketty, T. *O capital no século XXI*. Rio de Janeiro: Intrínseca. 2014).

para os quais a poupança interna dos brasileiros ou a capacidade de investimento do empresariado não comporta ou torna difícil a participação do setor privado em projetos de grande porte, são exemplos os setores de baixo retorno econômico, que, embora pouco atrativos, são, muitas vezes, serviços fundamentais para sociedade. Nesse ambiente institucional diferente do analisado por Posner, fica difícil uma generalização de suas conclusões, o que não invalida seus pensamentos. Em seus textos, embora o mercado seja o ambiente, por excelência, para se encontrar a eficiência na alocação de bens, o próprio mercado apresenta falhas, como monopólios, oligopólios, cartéis, trustes (poder econômico em geral) a assimetria das informações, enfim, externalidades diversas e a atuação do Estado podem contribuir fundamentalmente para a redução dessas externalidades e a EAD é um importante instrumento, com capacidade de contribuir para o aumento da eficiência na alocação de recursos públicos.

Recorde-se que a ordem econômica se funda no trabalho e na livre iniciativa, e tem por princípio a propriedade privada. O próprio mercado interno é considerado um patrimônio nacional (Constituição Federal, art. 219), portanto, a racionalidade capitalista e, por consequência, a eficiência estão (ou deveriam estar) no cerne da atividade econômica brasileira, assim como a defesa do meio ambiente e a dignidade da pessoa humana.

Como agente regulador da economia e que propõe estímulos e restrições, a Constituição no art. 174 determina que o Estado, como agente normativo e regulador da atividade econômica, exercerá, na forma da lei, as funções de fiscalização, incentivo e planejamento, sendo este determinante para o setor público e indicativo para o setor privado.

Chama a atenção, na teoria de Posner, o chamado "dano eficiente" (POSNER, 2001, p. 358), que ocorre quando compensar ao agente pagar indenizações em vez de prevenir o dano. Um caso rumoroso foi o dos veículos Ford Explorer nos EUA que utilizavam um pneu da marca Firestone e que tinham problemas de fabricação, causando acidentes graves. A fábrica de pneus omitiu o defeito por anos e continuou a vendê-los até que o problema veio a público.

Em termos de sustentabilidade, essa acepção é impensável e, nesse sentido, o Estado tem a obrigação de intervir para desestimular condutas perniciosas, a exemplo do que faz em outras situações de risco, como as restrições de inserção no mercado de produtos perigosos ou de risco, além dos cuidados e das responsabilidades pelo risco do desenvolvimento de produtos, que incluem a possibilidade de responsabilização nos casos em que o produtor deveria saber dos riscos ou sabe e não toma as medidas adequadas de prevenção.

Por fim, em termos de sustentabilidade, a Análise Econômica do Direito tem que assumir um compromisso de longo prazo, intergeracional, não pode visualizar a economia como fazem os economistas, num horizonte de tempo curto, de forma que o cotejo entre as opções inclua o direito das futuras gerações de poder desfrutar da diversidade e opções que o homem moderno dispõe.

4.3 Discricionariedade e eficiência

Embora a Administração funcione sob a égide do princípio da legalidade, que limita seus poderes como garantia contra abusos e arbitrariedades, a lei não abrange a integralidade da atuação administrativa, deixando um espaço "de liberdade de decisão diante do caso concreto, de tal modo que a autoridade poderá optar por uma dentre várias soluções possíveis, todas válidas perante o direito" (DI PIETRO, 2013, p. 220). Nessas situações nas quais, geralmente, se demanda uma medida particularizada, uma vez que não são possíveis ou não são apropriadas as soluções padronizadas, o administrador escolhe uma opção dentre mais de uma indiferente para o direito, suportado por um juízo de oportunidade, relativo à "ocasião de praticá-lo" e conveniência, relativo à "utilidade". Não é dizer, com isso, existir um espaço fora da legalidade. Como afirma Grau:

> Relembro o quanto inicialmente afirmei, ao observar inexistir, assim para o direito público como para o direito no seu todo, qualquer perspectiva fora da legalidade.
>
> Cumpre-nos restaurá-la, o que impõe tomarmos a *discricionariedade* como uma *técnica da legalidade*, [...] (GRAU, 2005, p. 224, grifo do autor).

Ato discricionário, no dizer de Celso A. Bandeira de Mello (2011, p. 430), são "os que a Administração pratica com certa margem de liberdade de avaliação ou decisão, segundo critérios de conveniência e oportunidade formulados por ela mesma, ainda que adstrita à lei reguladora da expedição deles". Marçal Justen Filho (2006, p. 160) define discricionariedade como: "o modo de disciplina normativa da atividade administrativa que se caracteriza pela atribuição do dever-poder de decidir segundo a avaliação da melhor solução para o caso concreto". Por fim, Juarez Freitas (2009, p. 24) conceitua discricionariedade como "a competência administrativa (não mera faculdade) de avaliar e de escolher, no plano concreto, as melhores soluções, mediante justificativas válidas, coerentes e consistentes de conveniência ou oportunidade (com razões juridicamente aceitáveis), respeitados os requisitos formais e substanciais da efetividade do direito fundamental à boa administração pública".

Explicando a diferença entre conceitos indeterminados e discricionariedade, Eros Grau (2005, p. 203) afirma:

> A discricionariedade é essencialmente uma liberdade de eleição entre alternativas igualmente justas ou entre indiferentes jurídicos – porque a decisão se fundamenta em critérios extrajurídicos (de oportunidade, econômicos, etc.), não incluídos na lei e remetidos ao juízo subjetivo da Administração –, ao passo que a aplicação de conceitos indeterminados é um caso de aplicação da lei.

A discricionariedade, ao fim, resulta em uma escolha por parte do administrador. Note-se que, das definições acima, somente a de Freitas fala da exigência de que o ato discricionário seja justificado. Para o professor gaúcho, é uma condição, e assiste-lhe a razão. A escolha deve ser pautada por procedimentos necessários que representam a diretriz imposta pelo princípio da legalidade sob o qual o ato discricionário deve estar submetido. Segundo Eros Grau (2005, p. 192), "a *discricionariedade* é *atribuída*, pela lei, à autoridade administrativa; não *decorre* da lei", e, segue o ministro, "vale dizer: a *discricionariedade* resulta de uma expressa *atribuição* legal à autoridade administrativa, e não da circunstância de os termos da lei serem ambíguos, equívocos ou suscetíveis de receber especificações diversas". (grifos no original).

O poder de escolha por oportunidade e conveniência que caracteriza o ato administrativo discricionário, contudo, não significa a possibilidade de não o motivar. Conforme Bandeira de Mello (2011, p. 403), "há de se entender que o ato [discricionário] não motivado está irremissivelmente maculado de vício e deve ser fulminado por inválido, já que a Administração poderia, ao depois, ante o risco de invalidação dele, inventar algum motivo, 'fabricar' razões lógicas para justificá-lo", exceção para eventual hipótese excepcional. A motivação é a forma de se dar coerência à administração confrontando as ações na "ponta da execução" com os objetivos e o planejamento, além de viabilizar a sindicabilidade dos atos, uma exigência de cunho constitucional. Na Constituição Federal, art. 74, II, o controle interno, com todos os seus requisitos, é apontado como requisito para a eficiência da administração. O mesmo se apresenta para o ato discricionário, que, para ser eficiente, deve ser passível de avaliação, por isso o ato discricionário submete-se ao princípio da legalidade por meio da motivação. Mais do que uma motivação *pro forma*, esta deve ser permitir a avaliação completa do ato, nesse sentido, deve ser suficiente qualitativa e quantitativamente,[66] viabilizando sua sindicabilidade (ser verificável por meio de procedimentos de auditorias), lembrando sempre que a falta de motivação torna o ato passível de anulação. É o que está disposto no parágrafo único do art. 70 da Constituição Federal.[67] São essas razões que levam Freitas (2009, p. 23) a afirmar: "as escolhas administrativas serão legítimas se – e somente se – forem sistematicamente eficazes, motivadas, proporcionais, transparentes, imparciais, respeitadoras da participação social, da moralidade e da plena responsabilidade".

Como a administração é pautada pelo planejamento, os procedimentos licitatórios como tais também o são, assim, as contratações, em geral, devem estar previstas no planejamento anual e plurianual, como parte de um projeto, embora, por outro lado, quanto à qualificação do objeto e algumas outras decisões nas licitações, haja um grande componente de discricionariedade envolvido, e, até por isso, a motivação dos atos do procedimento

---

[66] Para Freitas: "Não se aceita a figura da decisão administrativa completamente insindicável, uma vez que a motivação há de indicar, de modo suficiente, os fundamentos da juridicidade da escolha realizada". FREITAS, J. *Discricionariedade administrativa e o direito fundamental à boa administração pública*. 2. ed. São Paulo: Malheiros, 2009. p. 25.

[67] Art. 70. Parágrafo único. Prestará contas qualquer pessoa física ou jurídica, pública ou privada, que utilize, arrecade, guarde, gerencie ou administre dinheiros, bens e valores públicos ou pelos quais a União responda, ou que, em nome desta, assuma obrigações de natureza pecuniária.

licitatório representam a condição para a consecução do princípio da eficiência, senão veja o que segue.

O art. 3º da Lei nº 8.666/93 especifica os princípios gerais das licitações aqui e a análise de cada um deles indica a fundamentalidade da motivação para a sua consecução. Segundo Justen Filho (2012, p. 57), "o art. 3º sintetiza o 'espírito normativo' da disciplina das licitações contempladas na Lei nº 8.666. Ao longo desse diploma, há o desdobramento concreto dos conceitos previstos no art. 3º, que enumera os valores fundamentais consagrados a propósito das licitações".[68]

---

[68] Art.3º A licitação destina-se a garantir a observância do princípio constitucional da isonomia, a seleção da proposta mais vantajosa para a administração e a promoção do desenvolvimento nacional sustentável e será processada e julgada em estrita conformidade com os princípios básicos da legalidade, impessoalidade, moralidade, da igualdade, da publicidade, da probidade administrativa, da vinculação ao instrumento convocatório, do julgamento objetivo e dos que lhes são correlatos.
§1º É vedado aos agentes públicos:
I – admitir, prever, incluir ou tolerar, nos atos de convocação, cláusulas ou condições que comprometam, restrinjam ou frustrem o seu caráter competitivo, inclusive nos casos de sociedades cooperativas, e estabeleçam preferências ou distinções em razão da naturalidade, da sede ou domicílio dos licitantes ou de qualquer outra circunstância impertinente ou irrelevante para o específico objeto do contrato, ressalvado o disposto nos §§5º a 12 deste artigo e no art. 3º da Lei nº 8.248, de 23 de outubro de 1991;
II – estabelecer tratamento diferenciado de natureza comercial, legal, trabalhista, previdenciária ou qualquer outra, entre empresas brasileiras e estrangeiras, inclusive no que se refere à moeda, modalidade e local de pagamentos, mesmo quando envolvidos financiamentos de agências internacionais, ressalvado o disposto no parágrafo seguinte e no art. 3º da Lei nº 8.248, de 23 de outubro de 1991.
§2º Em igualdade de condições, como critério de desempate, será assegurada preferência, sucessivamente, aos bens e serviços:
I – (Revogado pela Lei nº 12.349, de 2010)
II – produzidos no País;
III – produzidos ou prestados por empresas brasileiras.
IV – produzidos ou prestados por empresas que invistam em pesquisa e no desenvolvimento de tecnologia no País.
§3º A licitação não será sigilosa, sendo públicos e acessíveis ao público os atos de seu procedimento, salvo quanto ao conteúdo das propostas, até a respectiva abertura.
§4º (Vetado).
§5º Nos processos de licitação previstos no caput, poderá ser estabelecido margem de preferência para produtos manufaturados e para serviços nacionais que atendam a normas técnicas brasileiras.
§6º A margem de preferência de que trata o §5º será estabelecida com base em estudos revistos periodicamente, em prazo não superior a 5 (cinco) anos, que levem em consideração:
I – geração de emprego e renda;
II – efeito na arrecadação de tributos federais, estaduais e municipais;
III – desenvolvimento e inovação tecnológica realizados no País;
IV – custo adicional dos produtos e serviços; e
V – em suas revisões, análise retrospectiva de resultados.
§7º Para os produtos manufaturados e serviços nacionais resultantes de desenvolvimento e inovação tecnológica realizados no País, poderá ser estabelecido margem de preferência adicional àquela prevista no §5º.

O princípio da isonomia garante a igualdade de direitos aos interessados em participar de uma licitação, de forma que sejam evitadas situações de "apadrinhamento". A motivação que vier a embasar os atos da administração, discricionários ou não, tem o condão de evitar preferências que distorçam o princípio da impessoalidade, protegendo, no mesmo talante, a moralidade e a probidade, focando o objetivo exatamente no interesse público, afastando os conchavos e as preferências particulares em detrimento do todo. Na forma do inciso II do §1º, estão vedados os tratamentos diferenciados de natureza comercial, legal, trabalhista, previdenciária ou qualquer outra, entre empresas brasileiras e estrangeiras, inclusive no que se refere à moeda, à modalidade e ao local de pagamentos, mesmo quando envolvidos financiamentos de agências internacionais, com as ressalvas do parágrafo segundo e da Lei nº 8.242/91, que dispõe sobre a capacitação do setor de informática, e que, em seu art. 3º, determina a preferência de compra de bens e serviços produzidos no país ou na forma de processos básicos determinados pelo poder público.

O princípio da isonomia encontra reflexos e está presente em diversos outros dispositivos da Lei nº 8.666/93, como no art. 30; contudo, também é passível de exceções, *v.g.* as do próprio art. 3º

---

§8º As margens de preferência por produto, serviço, grupo de produtos ou grupo de serviços, a que se referem os §§5º e 7º, serão definidas pelo Poder Executivo federal, não podendo a soma delas ultrapassar o montante de 25% (vinte e cinco por cento) sobre o preço dos produtos manufaturados e serviços estrangeiros.
§9º As disposições contidas nos §§5º e 7º deste artigo não se aplicam aos bens e aos serviços cuja capacidade de produção ou prestação no País seja inferior:
I – à quantidade a ser adquirida ou contratada; ou
II – ao quantitativo fixado com fundamento no §7º do art. 23 desta Lei, quando for o caso.
§10. A margem de preferência a que se refere o §5º poderá ser estendida, total ou parcialmente, aos bens e serviços originários dos Estados Partes do Mercado Comum do Sul – Mercosul.
§11. Os editais para a contratação de bens, serviços e obras poderão, mediante prévia justificativa da autoridade competente, exigir que o contratado promova, em favor de órgão ou entidade integrante da administração pública ou daqueles por ela indicados a partir do processo isonômico, medidas de compensação comercial, industrial, tecnológica ou acesso a condições vantajosas de financiamento, cumulativamente ou não, na forma estabelecida pelo poder executivo federal.
§12. Nas contratações destinadas à implantação, manutenção e ao aperfeiçoamento dos sistemas de tecnologia de informação e comunicação, consideradas estratégicas em ato do poder executivo federal, a licitação poderá ser restrita a bens e serviços com tecnologia desenvolvida no País e produzidos de acordo com o processo produtivo básico de que trata a Lei nº 10.176, janeiro de 2001.
§13. Será divulgada na internet, a cada exercício financeiro, a relação de empresas favorecidas em decorrência do disposto nos §§5º, 7º, 10, 11 e 12 deste artigo, com indicação do volume de recursos destinados a cada uma delas.

nos parágrafos 5º a 12, e ainda as exceções listadas no §1º, do art. 3º da Lei nº 12.598/12. Outra exceção é a disposta na Lei Complementar nº 123, esta embasada no art. 170, IX da Constituição Federal.

Com todas essas obrigações e exceções, somente a adequada motivação do ato, indicando todos os motivos que levam à contratação e adoção dos parâmetros exigidos no edital, é que se poderá sindicar o cumprimento do princípio da isonomia, afastando qualquer dúvida a respeito de um comportamento desrespeitoso quanto ao princípio da impessoalidade.

A seleção de um licitante que não seja por seus méritos como fornecedor, mas por "apadrinhamento" ou conchavo, ou outro motivo que não a apresentação da proposta mais vantajosa para a administração, significa um sério golpe na eficiência daquela contratação.

Não é dizer, com isso, que o princípio da eficiência seja mitigado, *v.g.* quando se adotam as preferências contidas na Lei Complementar nº 123. A sustentabilidade informa que a pluralidade de fornecedores e a ampliação de mercados das micro e pequenas empresas é um dos objetivos constitucionais a serem atingidos, exemplo típico de eficiência socioeconômica e não meramente financeira, embora não absoluta, uma vez que a preferência se dá dentro de parâmetros pré-determinados. A motivação também é elemento protetor da vinculação ao instrumento convocatório e da objetividade do julgamento das propostas, uma vez que eventuais dúvidas ou impugnações dos editais e seus componentes poderão ser dirimidas sem surpresas. A fundamentação que justifica o processo administrativo que resulta na licitação deve permear todo o edital, o contrato e a relação advinda da contratação, e a sindicabilidade do contrato e averiguação de sua pertinência para a sociedade e atendimento aos direitos fundamentais devem encontrar respaldo desde o início do processo, exatamente nessa motivação.

Além dos princípios que regem as licitações, diversas normas vêm impondo novos critérios para as licitações, principalmente relativos aos quesitos de sustentabilidade. Nessa trilha (citam-se aqui exemplos federais), encontram-se determinações relativas à proteção do meio ambiente e de cunho social, que vêm instituindo exigências que demandam procedimentos com um grande grau de discricionariedade, pois fazem proposições abertas que exigem a escolha de técnicas ou uma preferência política no atendimento de suas especificações. Por exemplo, no art. 6º, XII da Lei nº 12.187/09, já citado.

A Lei nº 12.305/10, que instituiu a política nacional de resíduos sólidos, institui prioridades nas aquisições e contratações governamentais para produtos reciclados e recicláveis, e bens, serviços e obras que considerem critérios compatíveis com padrões de consumo social e ambientalmente sustentáveis.

O fato é que os procedimentos licitatórios estão recheados de possibilidades de decisões discricionárias, todas, de alguma forma, pertinentes para se alcançar a eficiência e, mesmo, a eficácia dos procedimentos licitatórios.

Invertendo os termos do princípio licitatório do desenvolvimento nacional sustentável, a verdade é que a sustentabilidade é componente fundamental do desenvolvimento e da eficiência, pois a boa Administração tem, dentre outros, o dever de agir de forma "preventiva, precavida e eficaz (não apenas eficiente), pois comprometida com resultados harmônicos com os objetivos fundamentais da Constituição" (FREITAS, 2009, p. 23), única forma de efetivar os deveres impostos pelo art. 225 da Constituição Federal e construir um futuro que viabilize os objetivos fundamentais do art. 3º do mesmo diploma.

4.4 Eficiência e a obrigatoriedade da licitação: dispensa e inexigibilidade

A necessidade de licitar decorre de imposição constitucional prevista no art. 37, XXI,[69] pelo qual a administração pública direta e indireta de qualquer dos poderes da União, Estados,

---

[69] Art. 37. A administração pública direta e indireta de qualquer dos Poderes da União, dos Estados, do Distrito Federal e dos Municípios obedecerá aos princípios de legalidade, impessoalidade, moralidade, publicidade e eficiência e, também, ao seguinte:
[...]
XXI – ressalvados os casos especificados na legislação, as obras, serviços, compras e alienações serão contratados mediante processo de licitação pública que assegure igualdade de condições a todos os concorrentes, com cláusulas que estabeleçam obrigações de pagamento, mantidas as condições efetivas da proposta, nos termos da lei, o qual somente permitirá as exigências de qualificação técnica e econômica indispensáveis à garantia do cumprimento das obrigações.

Distrito Federal e Municípios deve obedecer aos princípios administrativos e, ressalvados os casos especificados na legislação, licitar as contratações que fizer. Para Justen Filho, a "'supremacia do interesse público' fundamenta a exigência [...] de licitação prévia para contratações da Administração Pública – o que significa [...] que a licitação é um pressuposto do desempenho satisfatório pelo Estado das funções administrativas a ele atribuídas". Para Osório (2010, p. 293), "o dever de licitar está intimamente ligado ao dever de probidade".

A regra é que a licitação é necessária, obedecidas as normas promulgadas pela União, que têm competência privativa para legislar normas gerais de licitação e contratação pública, conforme art. 22, XXVII, da Constituição Federal (por Lei Complementar, a União pode autorizar os Estados a legislar sobre questões de licitação).

Há hipóteses em que a licitação formal não se apresenta possível, por isso a legislação autoriza a administração a realizar um procedimento que adota outras exigências (o que não significa que as contratações, nesses casos, sejam informais). São os casos de dispensa e inexigibilidade de licitação, também chamadas de contratações diretas, constantes principalmente nos arts. 24 e 25 da Lei nº 8.666/93 e, ainda, nas hipóteses constantes do art. 17 do mesmo diploma.

A dispensa de licitação (art. 24), conforme Justen Filho (2012, p. 334), "verifica-se em situações em que, embora viável a competição entre particulares, a licitação afirma-se objetivamente incompatível com os valores norteadores da atividade administrativa". As possibilidades de dispensa são *numerus clausus*. A inexigibilidade de licitação (art. 25) ocorre quando inviável a competição. Como se trata de uma situação fática, os casos enumerados pela lei são meramente exemplificativos. Há casos tipificados como dispensa nos incisos do art. 24, mas que, notoriamente, são de inexigibilidade, a exemplo do inciso X e XIX.

Embora a regra seja licitar, na prática, as contratações públicas, na sua maioria, eram realizadas por meio de compras diretas, ao talante da discricionariedade do administrador. Segundo Jacoby Fernandes, somente em 2006, os procedimentos formais de licitação ultrapassaram o montante de compras diretas:

Pela primeira vez, desde 1993, no ano de 2006 o volume aplicado com licitação foi substancialmente superior ao das contratações diretas. A modalidade pregão, que tomava apenas parcela das outas modalidades, passou a ser vista e utilizada pelo gestor público como opção a algumas dispensas. Também a figura do registro de preços e do 'carona' contribuíram expressivamente para a redução das contratações diretas. (FERNANDES, 2009, p. 194).

Diante do caso concreto, a contratação por inexigibilidade ou dispensa de licitação até pode ser a alternativa mais eficiente – tome-se, por exemplo, uma situação na qual seja necessária a contratação urgente de obras devido a chuvas torrenciais ou algum outro fator climático que ameace a segurança de uma população, alternativa do art. 24, IV, da Lei nº 8.666/93, simplesmente não há tempo suficiente para cumprir com todas as exigências necessárias para a instauração de processo licitatório, todavia, não parece ser razoável que o procedimento que deve ser exceção se torne a regra, ou seja, que as situações específicas de inexigência e dispensa possam superar em quantidade a formalidade da licitação.

Em qualquer dos casos, a Administração está obrigada a realizar os procedimentos necessários, garantindo a isonomia dos participantes e a publicação dos atos, principalmente deve motivar adequadamente, fundamentando as razões que levaram a adotar o procedimento de exceção.

Mesmo que os casos de inexigibilidade e dispensa sejam justificantes para uma ponderação proporcional dos princípios da licitação, tolerando-se situações que, normalmente, não seriam toleradas pelo direito, ainda assim, o administrador deve buscar a melhor contratação possível dentro das condições que se apresentam, garantindo, aos interessados que se apresentarem, o princípio da isonomia, da vantagem para a administração, sem descurar da sustentabilidade.

A contratação por dispensa ou inexigibilidade irregular tem consequências sérias; a Administração não a deve adotar em caso de dúvida sobre sua aplicabilidade. Se for realizada fora dos casos permitidos por lei, é crime tipificado no art. 89 da Lei nº 8.666/93, em que se prevê que dispensar ou inexigir licitação fora das hipóteses previstas em lei, ou deixar de observar as formalidades pertinentes à dispensa ou à inexigibilidade, impõe ao responsável pena de detenção, de 3 (três) a 5 (cinco) anos, e multa, incorrendo na mesma pena aquele que, tendo, comprovadamente, concorrido para a consumação da ilegalidade, beneficiou-se da dispensa ou inexigibilidade ilegal para celebrar contrato com o Poder Público.

A Lei nº 8.429/92, embora anterior à lei de licitações, prevê, no art. 10, VIII, que constitui ato de improbidade administrativa que causa lesão ao erário frustrar a licitude de processo licitatório ou dispensá-lo indevidamente, na administração direta, indireta ou fundacional de qualquer dos Poderes da União, dos Estados, do Distrito Federal, dos Municípios, de Território, de empresa incorporada ao patrimônio público ou de entidade para cuja criação ou custeio o erário haja concorrido ou concorra com mais de cinquenta por cento do patrimônio ou da receita anual de entidade que receba subvenção, benefício ou incentivo, fiscal ou creditício, de órgão público, bem como daquelas para cuja criação ou custeio o erário haja concorrido ou concorra com menos de cinquenta por cento do patrimônio ou da receita anual, podendo o responsável ser punido, independentemente das sanções penais, civis e administrativas previstas na legislação específica, que podem ser aplicadas isolada ou cumulativamente, de acordo com a gravidade do fato, ao ressarcimento integral do dano, perda dos bens ou valores acrescidos ilicitamente ao patrimônio, se concorrer esta circunstância, perda da função pública, suspensão dos direitos políticos de cinco a oito anos, pagamento de multa civil de até duas vezes o valor do dano e proibição de contratar com o Poder Público ou receber benefícios ou incentivos fiscais ou creditícios, direta ou indiretamente, ainda que por intermédio de pessoa jurídica da qual seja sócio majoritário, pelo prazo de cinco anos.

Embora a administração não possa prescindir de um instrumento de salvaguarda para situações que se situam para além das condições regulares de atuação, resumidamente, situações de contingência, sob pena da inefetividade causar mais danos do que benefícios, as dispensas e inexigibilidades, quando utilizadas com objetivos inconfessáveis, determinam exatamente o contrário de seu propósito, tornam-se institutos da ineficiência e via de passagem para práticas condenáveis, em especial, a contratação por preferência pessoal, além dos seus consectários, como o preço fora dos padrões de mercado, a corrupção, etc.

Fazendo um apanhado do exposto nesse capítulo, o conceito de desenvolvimento sustentável tem o sentido de mudança qualitativa de hábitos e importância relativa dos objetivos humanos. O conceito de desenvolvimento sustentável é pautado pela atuação ética, preocupado com a ampliação das liberdades e melhorias sociais, e o adequado tratamento ao meio ambiente, de forma que permita a saudável homeostase e conservação para as futuras gerações, e objeto de um planejamento político e de diretrizes legais focadas nos objetivos constitucionais, é um requisito para a efetivação do princípio da eficiência em geral e, particularmente, nas licitações e contratações públicas.

CAPÍTULO 5

O DESENVOLVIMENTO (NACIONAL) SUSTENTÁVEL COMO REQUISITO DA EFICIÊNCIA EM LICITAÇÕES

Com a inclusão, no art. 3º, da Lei nº 8.666/93, do princípio da "promoção do desenvolvimento nacional sustentável", introduziu-se mecanismo com potencial para realizar uma profunda alteração nos padrões de contratação pública, uma vez que as novas exigências afetam os demais princípios que suportam as atividades de licitação, em especial, o que deve se entender por "proposta mais vantajosa para a administração" e mesmo o conceito "isonomia".

Em matéria de licitações, assim como na economia, o conceito de desenvolvimento se confunde com o crescimento econômico; nas licitações predomina(va) a perversa identidade entre menor custo de aquisição e maior vantagem para a administração, em muitos casos, não se atentando para o fato de que a qualidade superior de um produto poderia determinar maior vantagem na aquisição sobre similar mais barato.

A prática dos departamentos encarregados de desenvolver os editais é a de utilizar o tipo "menor preço" (art. 45, §1º, I da Lei nº 8.666/93). É verdade que a lei geral de licitações impôs para os demais tipos (melhor técnica, e técnica e preço) um procedimento mais demorado e aberto a um número maior de impugnações, mas é evidente o estímulo para que as contratações tenham como elemento distintivo principal o menor custo. Nesse sentido, a Lei nº 10.520/02, que introduziu a modalidade dos pregões presenciais e eletrônicos, só permite que sejam feitos certames do tipo menor preço. Aliás, o próprio art. 46, da Lei nº 8.666/93, afirma que os tipos "melhor técnica" ou "técnica e preço" somente serão utilizados para contratação de serviços de natureza predominantemente intelectual, em flagrante desprestígio da qualidade do produto. Todavia, menor preço não quer dizer melhor contratação para a administração e, consequentemente, não quer dizer que, ao pagar menos, a administração está sendo mais eficiente, em muitos casos, essa premissa é errada.

Porém, o predomínio da equivalência entre proposta mais vantajosa e preço vem se reduzindo. Em junho de 2012, a União promulgou o Decreto nº 7.746 que regulamenta o art. 3º, da Lei nº 8.666/93, com o objetivo de estabelecer critérios, práticas e diretrizes gerais para a promoção do desenvolvimento nacional sustentável por meio das contratações realizadas pela administração pública federal direta, autárquica e fundacional, e pelas empresas estatais dependentes, e instituir a Comissão Interministerial de Sustentabilidade na Administração Pública – CISAP.

A importância desse Decreto e sua abrangência são muito maiores do que o que deixa transparecer o seu artigo primeiro. Como por disposição constitucional, a União é quem detém a competência constitucional privativa para legislar sobre licitações e contratos públicos, a teor do art. 22, XXVII, da Constituição Federal, a regulamentação dessa legislação também apresenta caráter geral, uma vez que fornecerá os estamentos da compreensão da aplicação da norma.

Essa interpretação é corroborada pela Súmula 222[70] do Tribunal de Contas da União, pela qual as decisões do TCU vinculam os administradores dos demais entes federados em matéria de licitações e contratos administrativos nos seguintes termos:

SÚMULA Nº 222
As Decisões do Tribunal de Contas da União, relativas à aplicação de normas gerais de licitação, sobre as quais cabe privativamente à União legislar, devem ser acatadas pelos administradores dos Poderes da União, dos Estados, do Distrito Federal e dos Municípios.

Para completar o raciocínio, se o decreto especifica justamente a lei geral, cuja competência para legislar é privativa da União, e esse mesmo decreto é que servirá de embasamento para a avaliação das medidas

---

[70] Precedentes – Proc. 500.411/91-3, Sessão de 04.12.91, Plenário, Ata nº 58, Decisão nº 395, "in" DOU de 19.12. 91, Página 29628/29664. – Proc. 008.142/92-0, Sessão de 08.04.92, Plenário, Ata nº 16, Decisão nº 153, "in" DOU de 23.04.92, Página 5037/5056. – Proc. 010.070/92-3, Sessão de 29.04.92, Plenário, Ata nº 20, Decisão Sigilosa nº 83, "in" DOU de 20.05.92, Página 6252/6291.

de concreção da lei, que servirão de fundamento para as decisões do próprio TCU, então, na falta de regulamentação própria dos demais entes federados, que respeitem o princípio do desenvolvimento sustentável, o Decreto nº 7.746/12 os vinculará. É certo também que eventuais Decretos municipais e estaduais não poderão ter conteúdo contrário às diretrizes do Decreto Federal, sob pena de inconstitucionalidade.

Importa demonstrar que a necessidade de contratar bens e serviços sustentáveis se tornou condição de contratação,[71] por si só, elemento capaz de determinar a validade da licitação, em argumento raso e direto, se a contratação não for válida, não atinge seu fim, não consegue a condição de eficiente.

Ocorre que o próprio Decreto nº 7.746/12 contém contradições e diversos artigos com interpretação que ficaram muito abertas, demandando, ao menos, breves comentários (tópico 5.1). Por outro lado, a exposição de motivos da Medida Provisória 495/10, convertida na Lei nº 12.349/10, dá grande ênfase a finalidades públicas diferentes da ideia de sustentabilidade, para, na verdade, privilegiar fornecedores nacionais. Esse papel de fomento já vem sendo exercido pela legislação, mas de uma forma diferente do que foi estimulado pelos parágrafos 5º

---

[71] Desde a modificação da Lei nº 8.666/93, a jurisprudência do TCU vem se alterando substancialmente, para determinar a inclusão obrigatória do princípio do desenvolvimento sustentável, a exemplo do Acórdão nº 1317/2013, relator Min. Aroldo Cedraz, Processo nº 032.230/2011-7: Uma vez que a promoção do desenvolvimento nacional sustentável foi incluída ao lado da garantia à isonomia e da seleção da oferta mais vantajosa como propósitos primeiros da licitação, o gestor deverá adotar nova postura, buscando contínua e permanentemente alcançar esse novo objetivo, tal como já procedia em relação aos outros dois. A nova finalidade exige que a administração avalie sempre o efeito que a compra do objeto provocará quanto à promoção do desenvolvimento nacional. O gestor não pode ignorar esse aspecto, como não pode ignorar o dever de tratar os interessados com isonomia ou o de selecionar a proposta mais vantajosa.
A nova finalidade fixada para a licitação representa novo propósito para o contrato administrativo. Este deixa de ser apenas instrumento para o atendimento da necessidade de um bem ou serviço que motivou a realização da licitação, para constituir, também, instrumento da atividade de fomento estatal, voltado, dessa forma, não só para os interesses imediatos da Administração contratante como também para interesses mediatos, ligados às carências e ao desenvolvimento do setor privado.
Se o contrato cumprirá a finalidade de atender duplo interesse da Administração – imediato e mediato –, é legítima e adequada a conclusão de que a seleção a ser procedida mediante o certame licitatório resulte na escolha da proposta que ofereça a maior vantagem em relação a ambos objetivos.
E o que é a proposta mais vantajosa para a Administração? É aquela que ofereça o bem ou serviço requerido na licitação pelo menor preço, sem prejuízo da qualidade do produto ou serviço ofertado. Mesmo que a maior vantagem oferecida à Administração não seja, necessariamente, o menor preço, um preço menor representará, inexoravelmente, uma vantagem maior, quando mantidas as demais condições.

a 12 do art. 3º da Lei nº 8.666/93. Nesse sentido, a Lei Complementar nº 123/06 conferiu diversas vantagens competitivas para as microempresas e empresas de pequeno porte, além disso, verifica-se, dentro da própria Lei nº 8.666/93 (art. 24, XX e XXVII), privilégios constitucionalmente justificados, como, por exemplo, o que permite a contratação direta de cooperativas de catadores de lixo ou associações de deficientes físicos.

Tomando-se por base essas especificações, é de se afirmar que o Decreto nº 7.746/12 está deficiente nas proposições sobre como os procedimentos devem se estabelecer com relação à proteção do meio ambiente e do desenvolvimento social, sendo algumas sugestões apresentadas no próximo tópico.

5.1 Análise do Decreto Federal nº 7.746/12

Como afirmado acima (itens 2.1 e 2.3), a Secretaria de Logística e Tecnologia da Informação do Ministério do Planejamento publicou, em janeiro de 2010, a Instrução Normativa nº 1 para orientar os órgãos da União na adoção de práticas sustentáveis. Esse documento, inovador e incisivo em posições importantes para a prática de atitudes sustentáveis, encontrou resistência à sua adoção por não ter suporte legal. A alteração do art. 3º, da Lei nº 8.666/93, e a promulgação do Decreto Federal nº 7.746/12, superaram essa lacuna, contudo, são necessários alguns comentários.

Interessante notar que há um conflito lógico no próprio Decreto. Segundo sua ementa, seu propósito é regulamentar o art. 3º da Lei nº 8.666, de 21 de junho de 1993, para estabelecer "critérios, práticas e diretrizes para a promoção do desenvolvimento nacional sustentável nas contratações realizadas pela administração pública federal" [...], contudo, o art. 2º, que deveria exprimir um comando de obrigatoriedade, indica a adoção de critérios de sustentabilidade como uma opção.[72] Afinal, o Decreto estabelece ou não critérios de desenvolvimento

---

[72] Art. 2º A administração pública federal direta, autárquica e fundacional e as empresas estatais dependentes poderão adquirir bens e contratar serviços e obras considerando critérios e práticas de sustentabilidade objetivamente definidos no instrumento convocatório, conforme o disposto neste Decreto.
Parágrafo Único. A adoção de critérios e práticas de sustentabilidade deverá ser justificada nos autos e preservar o caráter competitivo do certame.

sustentável? Se tais critérios não são obrigatórios, significa dizer que um dos princípios da licitação não precisa ser adotado? Seria o caso dos demais princípios também não serem obrigatórios?[73]

A resposta somente pode ser a negativa, todos os princípios devem ser adotados, ainda que possam ser sopesados pela aplicação da razoabilidade e proporcionalidade, mas, definitivamente, não podem ser anulados.

De qualquer forma, segundo a Lei Complementar nº 95/98 e o próprio manual de redação da Câmara dos Deputados,[74] o "enunciado do objeto e o âmbito de aplicação da norma devem ser indicados no artigo inicial, mantendo, assim, estrita relação com a ementa, nas leis mais sucintas e menos abrangentes, com a indicação do objeto da lei e o respectivo âmbito de aplicação" (por exemplo, não é o caso de leis que estatuem códigos, *v.g.* o código civil com temática múltipla). De fato, não pode a Lei contradizer seu próprio significado.

A contradição fica mais patente quando se busca evidências da obrigatoriedade da aplicação do princípio do desenvolvimento sustentável na jurisprudência do TCU. Desde a alteração legislativa, em 2010, os julgados têm determinado a cogência do princípio tanto quanto a isonomia e a proposta mais vantajosa, conforme se pode ver pelo Acórdão do TCU nº 0051-01/15-P (número interno) que afirmou:

> Verificou-se ainda a situação de (in)existência de Plano de Gestão de Logística Sustentável na universidade, que estabelecesse critérios, práticas e diretrizes para a promoção do desenvolvimento nacional sustentável nas contratações realizadas pela instituição, conforme dispõe o Decreto 7.746, de 5 de junho de 2012 e a Instrução Normativa SLTI 10, de 12 de novembro de 2012.

---

[73] Como afirma Humberto Ávila: "os princípios exercem uma *função bloqueadora*, porquanto afastam elementos expressamente previstos que sejam incompatíveis com o estado ideal de coisas a ser promovido". Também Juarez Freitas (2010, p. 179): "Deve o intérprete sistemático saber garantir a coexistência, ao máximo, dos valores, dos princípios e das regras em conflito, hierarquizando de sorte a obter a maior concordância sistemática possível e pautando a sua visão pelos vetores mais altos e nobres do ordenamento, isto é, pelos princípios e objetivos fundamentais. Tudo na certeza de que *interpretar é bem hierarquizar*, estabelecendo o menor sacrifício possível em face das exigências de proporcionalidade, que não estatui só adequação meio-fim, mas proíbe que um valor ou princípio se imponha à expensa da supressão de outro. Somente as regras, quando antinômicas, é que, parcial ou totalmente podem se excluir, mesmo que também aqui não se constate simples lógica formal de disjunção ou do "tudo-ou-nada". ÁVILA, Humberto B. *Teoria dos princípios*: da definição à aplicação dos princípios jurídicos. 9. ed. São Paulo: Malheiros, 2009, p. 98.

[74] Manual de redação da Câmara Federal, pág. 44.

Continuando na análise, o Decreto especifica, no art. 4º,[75] o que são as diretrizes de sustentabilidade. O inciso I não apresenta maiores dificuldades. Trata-se de uma questão de eficiência e redução de utilização de recursos; já o inciso II implica redução do custo de transporte e, consequentemente, é uma forma de se evitar emissões. Da mesma forma o inciso III visa ao aumento da eficiência na utilização de recursos que apresentam ou tendem a apresentar grande escassez no futuro. Como relatado acima, a escassez de energia e água representam o grande desafio do desenvolvimento econômico e social do século XXI.

O inciso V está intimamente ligado à necessidade de expansão do mercado de trabalho, mas também conectado com os problemas de deslocamento dentro de uma mesma localidade, e com o problema da migração inter-regional, campo-cidade e afluxos para os grandes centros. São comportamentos sociais que, além de retirar recursos de regiões muitas vezes já carentes, implicam, não raro, redução da qualidade de vida ou submissão de características culturais, seja considerando uma implicação imediata, *v.g.* do tempo gasto no deslocamento casa-trabalho-casa, ou em problemas mais complexos, como *v.g.* o de choque de culturas, como ocorre no êxodo de índios para as cidades, abandonando suas tribos e seus hábitos, seus costumes, sua própria língua, etc.

Um fator importante para incentivar o uso de novas tecnologias e o investimento em Pesquisa e Desenvolvimento está na disposição do inciso VI.

Já o inciso VII deve ser uma obrigação, vedando-se a contratação de compras e serviços que não atendam aos princípios de sustentabilidade, em especial, a compra de insumos que não tenham procedência (como madeira que não seja certificada), produtos que não comprovem a regularidade na contratação de trabalhadores em toda sua cadeia, evitando-se a contratação de produção oriunda de trabalho escravo ou análogo, ou, ainda, de empresas que promovam qualquer

---

[75] Art. 4º São diretrizes de sustentabilidade, entre outras:
 I – menor impacto sobre recursos naturais como flora, fauna, ar, solo e água;
 II – preferência para materiais, tecnologias e matérias-primas de origem local;
 III – maior eficiência na utilização de recursos naturais como água e energia;
 IV – maior geração de empregos, preferencialmente com mão de obra local;
 V – maior vida útil e menor custo de manutenção do bem e da obra;
 VI – uso de inovações que reduzam a pressão sobre recursos naturais; e
 VII – origem ambientalmente regular dos recursos naturais utilizados nos bens, serviços e obras.

tipo de discriminação, mas esse dispositivo ainda tem potencial para uma interpretação extensiva, principalmente no que tange à instituição de critérios técnicos que diferenciem produtos, como, por exemplo, a atribuição de uma pontuação melhor para empresas que não tenham tido acidentes de trabalho (graduar o tempo sem acidentes de trabalho com perda de tempo e por gravidade de lesões), atribuir pontuação técnica para empresas com baixo nível de reclamação de consumidores em órgãos como Procon ou outros análogos, enfim, pelo estabelecimento de diferenciais competitivos pela prática efetiva de medidas sustentáveis que podem, inclusive, ser pré-estabelecidas como padrão para editais nas diversas modalidades de licitação.

O art. 5º trata da utilização de materiais reciclados, atóxicos e biodegradáveis, entre outros. Sua redação ficou acanhada, poderia ter sido mais audaciosa, principalmente considerando-se que uma das diretrizes de sustentabilidade (art. 4º, VI) é o uso de inovações que reduzam a pressão sobre recursos naturais.[76]

Sabe-se que o processo de reciclagem utiliza grande quantidade de energia, sendo assim, embora desejável a utilização de materiais reciclados, a ordem de preferência poderia ter sido dada pela utilização de materiais reutilizáveis. Outra ordem de preferência deveria ocorrer entre materiais de reciclagem permanente e aqueles que podem ser reciclados de forma limitada e materiais com menor consumo de energia (menor geração de entropia) no processo como um todo.[77]

Com relação à compra de materiais atóxicos, não é difícil estabelecer padrões de atoxicidade, irritabilidade e outras formas de medição dessa desconformidade, considerando-se, para tanto, a meia-vida dos elementos, a necessidade ou não de uso de equipamentos de proteção individual e/ou coletivo, treinamento de manuseio, custo de reversão de procedimentos, o tempo de ação tóxica do elemento, dentre outros indicativos que viessem a auxiliar na montagem de

---

[76] Art. 5º A administração pública federal direta, autárquica e fundacional e as empresas estatais dependentes poderão exigir no instrumento convocatório para a aquisição de bens que estes sejam constituídos por material reciclado, atóxico ou biodegradável, entre outros critérios de sustentabilidade.

[77] A generalização desse requisito demandaria um mapeamento geral de processos, o que é dispendioso e demandará um tempo significativo, mas também pode ser um dos objetivos de sustentabilidade dos governos fazer um mapeamento de processos – uma pegada da sustentabilidade ecossocial (à semelhança da conceituação de "pegada ecológica"), de forma que se pudessem estabelecer preferências técnicas.

critérios técnicos, ou seja, o indicativo do critério de medição do que seria atóxico já poderia estar definido no próprio Decreto.

A questão da degradabilidade de materiais também foi colocada no Decreto de forma muito tímida, apanhando apenas a biodegradabilidade, mas isso não pode levar a uma interpretação literal do texto, pois implicaria uma interpretação muito restrita do princípio. De fato, existem diversas outras formas de degradação de materiais que não só as biológicas (a partir de reações aeróbicas ou anaeróbicas), como, por exemplo, a fotodegradação, pela qual os materiais se decompõem a partir de sua ionização por raios UV, a possibilidade de tratamento térmico com redução à inércia química e produção de energia, procedimento que tem diversos processos, tais como a queima simples, pirólise, etc. e que tem regulamentação do Conama desde 2002, por meio da Resolução Conama 316/02.[78]

Ocorre que estimular a aquisição e uso de materiais que apresentem formas de degradação mais sustentável é um fator essencial para a pesquisa e desenvolvimento de produtos menos poluentes ou livres de metais pesados ou com características extremas de alcalinidade ou capacidade corrosiva. Por isso, não se pode entender o disposto no Decreto como válido apenas para formas biológicas de degradação de material, mas deve-se interpretar como um estímulo a todas as formas de degradação rápida de materiais poluentes e que, de alguma forma, auxiliem no esforço pela adoção de práticas sustentáveis que reduzam os impactos sobre o meio ambiente.

Não ficou especificado no artigo 5º a possibilidade de vantagens para fornecedores que já disponham de estrutura

---

[78] A Resolução Conama nº 316/02 visa a regulamentar os seguintes processos: Art. 1º Disciplinar os processos de tratamento térmico de resíduos e cadáveres, estabelecendo procedimentos operacionais, limites de emissão e critérios de desempenho, controle, tratamento e disposição final de efluentes, de modo a minimizar os impactos ao meio ambiente e à saúde pública, resultantes destas atividades.
§1º Excetuam-se da disciplina desta Resolução:
a) os rejeitos radioativos, os quais deverão seguir a normatização específica da Comissão Nacional de Energia Nuclear-CNEN;
b) o coprocessamento de resíduos em fornos rotativos de produção de clínquer, o qual deverá seguir a Resolução CONAMA específica nº 264, de 26 de agosto de 1999, salvo a disposição sobre dioxinas e furanos, que deverá obedecer esta Resolução.
§2º O estudo da dispersão das emissões atmosféricas do sistema de tratamento deverá, necessariamente, alicerçar a decisão quanto à sua localização.

completa de logística reversa, mesmo nos casos em que tal procedimento ainda não esteja determinado por lei. Conforme o art. 3º, XII, da Lei nº 12.305, a logística reversa é um procedimento definido como "instrumento de desenvolvimento econômico e social caracterizado por um conjunto de ações, procedimentos e meios destinados a viabilizar a coleta e a restituição dos resíduos sólidos ao setor empresarial, para reaproveitamento, em seu ciclo ou em outros ciclos produtivos, ou outra destinação final ambientalmente adequada.".

Uma medida que seria bastante audaciosa e talvez implicasse um cronograma de adoção seria a de o Decreto impor a condição de não se comprar materiais não recicláveis, tóxicos e não biodegradáveis ou degradáveis, mas que, ainda assim, causem contaminação ambiental, sempre que existirem substitutos menos poluentes. Seria necessário o estabelecimento de padrões e o mapeamento de um sem-número de produtos e processos, além de uma constante atualização dessa base de dados, mas a medida poderia ser implantada aos poucos, abrangendo, inicialmente, setores específicos, que fossem problemáticos, ou em setores de menor porte, de forma que se pudesse estabelecer uma curva de experiência. Lembre-se que a União já dispõe do Cadastro Técnico Federal de Atividades Potencialmente Poluidoras ou Utilizadoras de Recursos Ambientais, que poderia ser utilizado para tal fim, instituído pelo art. 17, II, da Lei nº 6.938/81 (ver Instrução Normativa nº 6/13 do IBAMA).

O art. 6º não trouxe qualquer inovação de monta, e o art. 7º, mais uma vez, coloca a exigência de práticas de sustentabilidade na forma condicional, quando, por tudo já visto, trata-se de uma imposição fática (em decorrência das alterações climáticas) e jurídica, pela teleologia de todas as normas concernentes ao tema.

O art. 8º permite a comprovação de exigências editalícias mediante certificação emitida por instituição pública oficial ou instituição credenciada, ou por qualquer outro meio definido no instrumento convocatório.

Há diversos tipos de certificação que podem ser exigidos, mas alguns atestados de procedimentos, qualitativos ou de comprometimento com práticas têm sido vetados, mas essa prática pode e deve ser modificada. O problema da exigência de qualificação e certificação nos certames licitatórios é antigo, justificado pela restrição ao caráter competitivo do certame, conforme atestam os inúmeros acórdãos do TCU sobre o tema.[79]

Conforme exposto acima, parte significativa dessas objeções seria superada pela adoção de procedimento licitatório do tipo técnica e preço. O procedimento encontra resistência em ser adotado devido à demora para sua conclusão (diga-se de passagem, sob esse aspecto, resistência justificada), mas pequenas alterações na legislação, além da redução dos prazos de recursos, poderiam modificar significativamente o panorama, e permitir maior competitividade de produtos, que, embora custem mais do que outros para o fim específico, sejam qualitativamente superiores, particularmente no que tange à segurança ambiental e social.

Além disso, grande cuidado há que ser tomado na formulação dos editais. Em significativo número de casos, ocorre que um pequeno grupo de pessoas que compõe o departamento de licitações fica encarregado de fazer editais e todos os procedimentos para contratação da integralidade das demandas da Administração. Essas pessoas, além de terem que conhecer sobre as normas jurídicas que envolvem o procedimento, são obrigadas a criar critérios para a compra de pregos a equipamentos eletrônicos, de papel higiênico a produtos químicos extremamente específicos, e para contratação de obras, serviços especializados, etc. Em alguns casos, a excelente formação dos profissionais supre a maioria das carências, mas há situações que realmente dependem de pessoas especializadas e outras nas quais a formação do grupo funcional não é suficiente. Nesse cenário, alguns editais, embora formalmente bem elaborados, não conseguem diferenciar minimamente a qualidade de produtos.[80] Como dito acima, a prioridade dada aos procedimentos do

---

[79] Exemplos: Acórdão 1085/2011 – Plenário; Acórdão 1524/2013 – Plenário AC-1542-22/13-P, este último com a seguinte ementa: Representação. Pregão eletrônico. Fornecimento de estruturas metálicas. Exigência editalícia restritiva. Apresentação de certificado de qualidade da série ISO. Jurisprudência contrária do TCU sobre a matéria. Adoção de medida cautelar. Suspensão do certame. Oitiva. Argumentos insuficientes para afastar a irregularidade. Licitação fracassada. Propostas de preços acima do valor orçado. Perda do objeto. Conhecimento. Representação prejudicada no mérito. Ciência. Comunicação.

[80] Tome-se, por exemplo, o objeto da contratação abaixo (omitir-se-á a identificação da contratante) feita na modalidade menor preço – por pregão eletrônico. Trata-se de contratação de sequestrante de odores, produtos aplicados em depósitos de lixos e estações de tratamento de água e esgoto para reduzir ou eliminar os odores que podem afetar a vizinhança: Objeto: Aquisição de xxx lts (xxx mil litros) de sequestrante/oxidante de odores, produto desodorisador (neutralizador) de ambientes destinado a reagir e eliminar os odores em grandes áreas abertas que emanam da Estação de Tratamento de Esgoto – ETE da cidade de yyy, para uso no sistema

tipo menor preço e a falta de discussões aprofundadas levaram a uma confusão entre a compra por valores mais baixos e a maior vantagem para a administração, o que não se mostra verdadeiro em significativo número de casos. E o §1º do artigo 8º parece paradigmático nesse sentido.[81] Em primeiro lugar, a Lei nº 8.666/93 define o problema do objeto minunciosamente: no art. 6º, IX, quando fala do projeto básico; no art. 7º, para obras e serviços, o objeto está definido no projeto básico e executivo; o art. 14, que determina como devem ocorrer as compras, está vedada qualquer compra sem a adequada caracterização de seu objeto e indicação dos recursos orçamentários para seu pagamento, sob pena de nulidade do ato e responsabilidade de quem lhe tiver dado causa; também no art. 40, o objeto deve ter descrição clara e sucinta, dentre outras manifestações. Assim, de uma forma geral, a desconformidade do objeto em uma aquisição caracteriza, na verdade, descumprimento do contrato e crime previsto no art. 96, III da Lei nº 8.666/93.

Nas hipóteses de técnica e preços e melhor técnica, a avaliação dos requisitos do bem ou serviço permite uma análise mais aprofundada do objeto ofertado, mas não são tipos de licitação disponíveis para o convite e o pregão.

---

de controle de odores da ETE yyy, durante o ano de 2013, em atendimento à Diretoria Técnica. Neste edital, publicado em *site* oficial de um ente federado, a equipe de licitação fez a cotação dos produtos sem considerar diversos fatores mesmo relativos a preço final do produto: o produto é utilizado diluído, a capacidade de diluição não foi considerada adequadamente, assim, podiam ser apresentados produtos com capacidade de diluição de 1:20 até 1:60, desde que apresentassem eficiência de 90% no mínimo; contudo, o correto era requerer o preço unitário por unidade de capacidade de captação de odor, pois é fácil verificar que 1 litro diluído em 20 dará 21 litros e 1 litro de outro diluído em 60 resultarão em 61 litros. Aspergidos com a mesma eficiência, o segundo permitirá ao comprador uma economia de 66%. Note-se que se tratava de uma compra por menor preço; outro aspecto importante: o produto tem poder de reação com o ambiente contaminando-o, as diferentes marcas apresentam degradação de 28 a 180 dias, o que também nao foi considerado; há produtos com graus de irritabilidade diferentes; há também empresa com desenvolvimento tecnológico nacional e outras que apenas importam o produto, etc.
No fim, a vencedora foi empresa com a menor capacidade de diluição, apresentou um preço 1% mais baixo que as concorrentes, embora permitisse uma capacidade de eliminar odores muito menor que outros participantes, demandando do órgão um gasto maior. O órgão comprou um volume de 12 mil litros de produto, mas gastará muito mais.

[81] §1º Em caso de inexistência da certificação referida no *caput*, o instrumento convocatório estabelecerá que, após seleção da proposta e antes da adjudicação do objeto, o contratante poderá realizar diligências para verificar a adequação do bem ou serviço às exigências do instrumento convocatório.
§2º Caso o bem ou serviço seja considerado inadequado em relação às exigências do instrumento convocatório, o contratante deverá apresentar razões técnicas, assegurado o direito de manifestação do licitante vencedor.

Poderia ser dito que há cabimento do §1º do artigo 8º as modalidades pregão e convite, mas nada impede que, nessas modalidades, principalmente nos casos de compras, o fornecedor previamente cadastre uma amostra, que, de resto, é um procedimento válido também para as modalidades concorrência e tomada de preços. A proposta do §1º transfere a análise para verificar a adequação do bem ou serviço às exigências do edital para a etapa posterior à disputa, quando já houver sido selecionada a proposta, o que pode gerar grandes inconformismos e disputas judiciais, ou seja, não parece ser a melhor técnica.

O art. 9º introduz um elemento novo de grande importância, a instituição da Comissão Interministerial de Sustentabilidade na Administração Pública (CISAP), de natureza consultiva e caráter permanente, vinculada à Secretaria de Logística e Tecnologia da Informação, com a finalidade de propor a implementação de critérios, práticas e ações de logística sustentável no âmbito da administração pública federal direta, autárquica e fundacional, e das empresas estatais dependentes.

Como a União detém a competência privativa para legislar sobre normas gerais de licitação e contratação, na forma do art. 22, XXVII da Constituição Federal, as determinações da CISAP serão obrigatórias para todos os entes da federação, suprindo exatamente a carência apontada quando do comentário do art. 8º do Decreto nº 7.746/12.

Nesse sentido, a participação obrigatória de um membro técnico do Ministério do Meio Ambiente e outro do Ministério da Ciência e Tecnologia são fundamentais e devem ser saudadas, mas registre-se a ausência de um membro do IBAMA, do Ministério Público e da Sociedade Civil que poderiam ampliar os debates a respeito dos temas a serem tratados, isso porque o escopo de atuação da CISAP é bastante extenso. Outra aparente falha é que o regimento interno da CISAP, aprovado em outubro de 2012, definiu que a Comissão somente se reunirá ordinariamente uma vez a cada dois meses, podendo instalar-se com quórum mínimo de 5 membros, apesar do tema sustentabilidade ser urgente, extremamente complexo e ter uma importância fundamental para o desenvolvimento econômico e a qualidade de vida da população nos anos vindouros.

Por fim, o art. 16 determina que a administração pública federal direta, autárquica e fundacional e as empresas estatais dependentes deverão elaborar e implementar Planos de Gestão de Logística

Sustentável, no prazo estipulado pela Secretaria de Logística e Tecnologia da Informação, prevendo, no mínimo, a atualização do inventário de bens e materiais do órgão, e identificação de similares de menor impacto ambiental para substituição; práticas de sustentabilidade e de racionalização do uso de materiais e serviços; responsabilidades, metodologia de implementação e avaliação do plano; e, ações de divulgação, conscientização e capacitação.

A tarefa de divulgação, conscientização e capacitação vem sendo desenvolvida em diversos níveis do governo federal e alguns estaduais, com destaque para o site "comprasnet" do governo federal, que há muito proporciona cursos de capacitação *on-line* e presenciais, contudo, focado, prioritariamente, em funcionários públicos, quando se sabe que, em matéria de licitações, a administração e os particulares precisam agir com sinergia, ter uma espécie de simbiose de mão dupla, a partir da qual ambos se beneficiem, inclusive estimulando as práticas no setor privado. Dessa forma, o treinamento e a capacitação de fornecedores não podem ser olvidados, as pretensões da administração podem perfeitamente ser compartilhadas com a iniciativa privada que, certamente, terá contribuições importantes a fazer.

Outro aspecto que poderia ser desenvolvido diz respeito à determinação das etapas de licitação dentro das quais é possível a determinação dos requisitos e das exigências de características que transformarão as licitações em licitações sustentáveis.

O primeiro e mais importante espaço de atuação está, como dito acima, na determinação do objeto, quando o administrador deve se valer de apoio técnico e, principalmente, de conhecimentos para bem aplicar princípios como o da precaução, evitando situações que impliquem, principalmente os casos de obras, contratações temerárias para a integridade de ecossistemas, e patrimônios históricos e culturais. Como insistentemente exposto acima, razões econômicas não podem superar as razões ambientais, conforme já decidiu o STF.[82]

Um segundo aspecto, um pouco mais controverso, seria o de restringir as contratações por requisitos de habilitação, sendo

---

[82] A esse respeito veja a ADI 3540 MC/DF, julgada em 01 set. 2005. [...] A atividade econômica não pode ser exercida em desarmonia com os princípios destinados a tornar efetiva a proteção ao meio ambiente.
Veja também nota de rodapé 29.

necessária uma hermenêutica atualizada do disposto no art. 37, XXI, conjugado com o art. 225 da Constituição Federal, para superar restrições colmatadas no TCU com respeito a certificações ambientais, mas requisitos mínimos e bem definidos, como serão apresentados no item 5.3, podem ser trabalhados inclusive pela CISAP.

O terceiro campo de defesa da sustentabilidade, também detalhado no item 5.3, está no julgamento das propostas, principalmente pela adoção mais frequente de procedimentos do tipo técnica e preço e pela valoração de contratações que se provem ter maior adequação social e ambiental, como já previsto no art. 19, parágrafo 1º do Regime Diferenciado de Contratações (RDC), da Lei nº 12.462/11.

O último grande bastião encontra-se no plano prático, após a contratação. Embora o contrato decorra do edital e a ele se vincule, a fiscalização dos contratos deve ser rígida e efetivamente onerar aqueles que descumprirem com os objetivos socioambientais. Nesse sentido, embora em muitas contratações possam ser encontradas resistências para escolha de fornecedores mais adequados às exigências ambientais, a imposição de multas e outras formas de penalidades para os contratados que agirem em descumprimento com os preceitos de sustentabilidade podem ser muito mais significativas, o que não representará uma imposição que atinja a isonomia e a competitividade do certame, mas garantirá uma execução mais sustentável.

5.2 Análise da Resolução 976/2013 do Tribunal de Contas do Rio Grande do Sul

Em fins de abril de 2013, o TCE/RS editou a Resolução 976/2013 para estabelecer, em seu âmbito de atuação, práticas de sustentabilidade ambiental com a obrigatoriedade de preservação da competitividade, motivado pela alteração do art. 3º da Lei nº 8.666/93 e da promulgação do Decreto Federal nº 7.746/12. Segundo a justificativa apresentada, o objetivo é, especificamente, a defesa do meio ambiente, redução dos impactos sobre os recursos naturais e redução dos danos já existentes, o que, se infere, tem por pressuposto um conceito restrito de desenvolvimento nacional sustentável. A resolução pretende operar sem prejuízo da submissão aos princípios constitucionais da isonomia e da economicidade, ou do atendimento das exigências de competitividade e de viabilidade econômica, mas não especifica como isso acontecerá, deixando, novamente, ao alvedrio da discricionariedade do decisor, quando, na verdade, deveria propor alguns padrões mínimos ou máximos que excluíssem fornecedores sem condições de fornecer bens e serviços sem padrões mínimos.

É de se destacar uma diferença importante em relação ao Decreto Federal, no art. 2º do Regulamento, há uma expressão determinante para sua aplicação, embora relativise para as obras. Assim, os instrumentos convocatórios levados a efeito pela administração direta e indireta dos entes do Estado do Rio Grande do Sul deverão (deverá no original), estabelecer critérios que promovam a sustentabilidade ambiental e preservem a competitividade.

Como exposto acima, a competitividade e a melhor proposta para a administração não podem ter mais o mesmo conteúdo que tinham até a introdução do princípio do desenvolvimento nacional sustentável, portanto, a competitividade que deve ser respeitada é aquela que permite a participação de licitantes que tenham capacidade de adequar-se ao conceito de desenvolvimento sustentável, não sendo aceitável o descumprimento desse requisito.

O art. 3º alude aos certames que utilizam melhor técnica ou técnica e preço, para que estabeleçam critérios objetivos de sustentabilidade ambiental para a avaliação e classificação de propostas, que é justamente uma das dificuldades em licitações realizadas na modalidade pregão, que somente admite menor preço.

Contudo, justamente nas contratações de obras de engenharia, a resolução parece ter afrouxado o rigor das exigências, para deixar à discricionariedade a adoção de padrões de sustentabilidade, afirmando que "sempre que couberem, deverão ser observados os seguintes critérios de sustentabilidade ambiental", passando a enumerá-los sem especificar critérios ou dar um suporte para que a administração dê objetividade à medição e comparação a partir dos critérios adotados, que são: I – gerenciamento adequado dos resíduos gerados durante a execução da obra; II – aproveitamento passivo dos recursos naturais (insolação, ventilação, vegetação, etc.); III – eficiência energética; IV – consumo racional da água; V – utilização de materiais, tecnologias e matérias-primas de origem local; VI – utilização de materiais que sejam atóxicos, reciclados, reutilizados e biodegradáveis; e VII – exigência de comprovação da regularidade ambiental de insumos a serem utilizados na obra (madeira, pedra, areia etc.).

É nesse ponto que a resolução deveria estabelecer padrões mínimos aceitáveis para diversas categorias de produtos e listar práticas absolutamente não aceitáveis, como forma de limitar o poder discricionário, e incentivar novas práticas e tecnologias, visando à manutenção do princípio do desenvolvimento nacional sustentável.

Na aquisição de bens, regida pelo art. 5º, retomou-se um nível de critérios e exigências realmente compatíveis com a necessidade ambiental atual. Assim, exige-se que, na aquisição de bens, sempre que couber, deverão ser considerados como critérios de sustentabilidade ambiental: I – que os bens sejam constituídos, no todo ou em parte, por material atóxico, reciclado e biodegradável, nos termos estabelecidos pelas normas técnicas brasileiras, além dos regulamentos pertinentes; II – que os bens ostentem a certificação do Instituto Nacional de Metrologia, Normalização e Qualidade Industrial (INMETRO), por terem sido produzidos de modo sustentável ou com menor impacto ambiental em relação aos seus similares; III – que os bens sejam, preferencialmente, acondicionados em embalagem adequada, com o menor volume possível e com materiais recicláveis, desde que isso não resulte em prejuízo à proteção e à segurança durante o transporte e o armazenamento; e IV – que os bens não contenham substâncias perigosas em concentração acima da recomendada nos regulamentos pertinentes, bem como nas normas técnicas brasileiras.

Superando as dificuldades impostas pelo TCU a respeito de certificação de bens e serviços, o parágrafo único aceita que a comprovação dessa certificação seja feita mediante apresentação de certificação emitida por instituição pública oficial ou instituição credenciada, ou por qualquer outro meio de prova que ateste o atendimento das exigências do edital.

Ainda que pequena, nota-se uma evolução em relação ao Decreto Federal nº 7.746/12, o mesmo acontecendo com as contratações de serviços, para os quais deverá haver no instrumento convocatório a previsão, sempre que possível, dos seguintes critérios: I – utilização de produtos de limpeza e conservação de superfícies, e emprego de objetos inanimados que obedeçam às classificações e especificações determinadas pela ANVISA; e

II – consumo racional de água e de energia elétrica, assim como gerenciamento adequado dos resíduos gerados.

É crítico que se utilize a expressão "sempre que possível", afinal, o consumo racional de água para as mais diversas atividades tem como ser medido e padrões podem ser especificados, o mesmo valendo para a utilização de energias. Por outro lado, uma vez fixados padrões que representem o nível esperado, poderiam ser criadas formas comparativas que estimulassem consumos que indicassem mais economia do que o padrão e onerassem propostas que apresentassem tecnologias menos eficientes.

A resolução estabelece, no art. 7º, prioridade para bens já existentes no patrimônio do ente licitante, de forma que se possa aproveitar e evitar gastos desnecessários, apenas que sendo essa verificação feita pelo próprio TCE, ou seja, centralizando todas essas atividades, certamente, tornará o processo muito lento e, em certos casos, pode ser ineficiente ao ponto de inviabilizar o objetivo da aquisição.

A resolução do TCE avança em relação ao Decreto federal, mas, mesmo assim, peca por não estabelecer ou determinar que se estabeleçam padrões comparativos de forma que se torne obrigatório alcançar níveis mínimos de eficiência sustentável.

5.3 Padrões de sustentabilidade e eficiência – exemplos

Diversos exemplos poderiam ilustrar esse ponto, mas o detalhamento de um será suficiente para ilustrar como a especificação de padrões de sustentabilidade tem um caminho longo de desenvolvimento que pode ser trilhado.

O exemplo será de uma licitação de alimentação, que, normalmente, indica um cardápio básico e padrões de alimentos que devem ser utilizados, além da estrutura mínima de equipamentos e utensílios que devem guarnecer a cozinha, copa, área do refeitório, devolução de bandejas e higienização.

Uma cozinha padrão tem uma pegada ecológica facilmente medida, principalmente por unidade de caloria fornecida ou calorias e proteínas, etc. Assim, para um cardápio padrão, com fornecimento, digamos, de 1000 refeições dia, a pegada ecológica nominaremos de

"PE". PE pode ser decomposta em "a" litros de água consumidos, "k" quilogramas de combustível (gás de cozinha ou GLP), "e" quilowatts de energia, "r" toneladas de restos de comida, "s" toneladas de lixo seco, dentre diversos outros componentes que também poderiam ser medidos.

Sabe-se que a utilização de equipamentos, insumos e metodologias melhores reduzem a pegada ecológica, assim, por exemplo, numa panela comum, um quilo de arroz tipo "A" necessita de 2 litros de água para cozinhar, mas o arroz tipo "B" precisa de 3 litros de água para cozinhar, acontece que, embora o arroz tipo "B" permita um custo final melhor, ele consumirá 50% (cinquenta por cento) a mais de água e, consequentemente, 50% (cinquenta por cento) a mais de energia, uma vez que será necessário usar mais gás para cozinhar a mesma quantidade de arroz.

De forma análoga, se o arroz ou o feijão for cozinhado em uma panela comum, demandará um tempo "t" para ficar pronto, ao passo que, se cozinhados em uma panela de pressão ou numa autoclave, o tempo pode ser reduzido em até 2/3, também com economia de água e energia.

Da mesma forma, se os pratos, equipamentos e utensílios são lavados em uma lavadora automática, há a economia de cerca de 95% da água utilizada, além da máquina efetuar a esterilização pela própria temperatura da água, não sendo necessária a utilização de produtos químicos, muitas vezes, com meia-vida superior a um ano.

Grandes volumes de água são usados em altas temperaturas, sendo bastante útil o aquecimento solar da água e o aproveitamento do calor de vários equipamentos, assim, também o aproveitamento da iluminação natural, utilização de produtos de higienização e limpeza orgânicos ou que possuam efeito de degradação que não afete o meio ambiente, além da racionalização de procedimentos e estoques que evitam desperdícios diversos, inclusive com a redução da utilização de embalagens.

Treinamentos são fundamentais para o emprego de novas técnicas e o correto uso de equipamentos e produtos. Mas fundamental é o incentivo à introdução de novos cardápios, uma vez que, além de afetarem hábitos no sentido de reduzir doenças oriundas da alimentação descompensada, o consumo de alguns insumos alimentares influencia, diretamente, no combate aos problemas climáticos. Sabe-se que o gado bovino é grande emissor de gases de efeito estufa e a unidade de proteína que produz demanda imensas quantidades de recursos hídricos e de massa vegetal, apresentando baixa eficiência energética e o mesmo se pode dizer de diversas culturas vegetais. Em suma, o próprio cardápio pode ser medido em termos de pegada ecológica, e em termos de benefícios e malefícios para a saúde.

Portanto, numa licitação de refeições ou de um restaurante (comuns em hospitais, presídios, merendas, empresas públicas, etc.), facilmente, se poderia criar padrões a partir de uma pegada ecológica mínima, inclusive com controles bastante eficientes para eventual aplicação de penalidades, por exemplo, se, ao final de um período, por exemplo, um mês, o consumo de eletricidade ou água superar o previsto (num cálculo que considere a quantidade de calorias e proteínas servidas por unidade de consumo de energia ou água), poderia ser aplicada uma multa. A continuidade da infração poderia determinar a rescisão contratual (na forma do art. 78, I, ou II, ou VIII, da Lei nº 8.666/93).

5.4 As fronteiras do desenvolvimento nacional sustentável

É possível se falar em desenvolvimento nacional sustentável ou essa é uma expressão que carrega em si uma contradição performativa?

Reconhecidamente, o meio ambiente está interconectado, alterações em uma região influenciam as condições em outras. Alterações no clima ártico e antártico afetam as zonas temperadas, os trópicos e até as latitudes equatoriais; o degelo de geleiras afetará o nível dos oceanos, a concentração de sais no mar e a condição das regiões costeiras; o desaparecimento de uma espécie altera o equilíbrio de um ecossistema e afeta diretamente um sem número de outras espécies; alterações na atmosfera, em decorrência de vulcões ou causas antrópicas, modificam o comportamento da flora, fauna e até regime de ventos e chuvas; a contaminação de um rio afeta todo o seu curso abaixo... Diversos outros exemplos poderiam ser suscitados, mas aqui se requer apenas uma ilustração.

O problema não se circunscreve ao ambiente. A economia sempre esteve interconectada, o atual estágio de globalização apenas deixou muito evidente que crises em regiões distantes afetam estruturas muito maiores e consolidadas.[83] O problema de desenvolvimento de uma pequena região tem influência direta na economia de seu entorno e não raro de toda uma nação; um problema na colheita de qualquer cultura importante (ou mesmo nem tão importante assim)[84] influencia no custo da alimentação de forma generalizada, muitas vezes, em todo o mundo, mesmo daqueles países que não têm por hábito o consumo da cultura afetada.

Socialmente, o panorama não difere. As condições ruins de vida afetam a humanidade em maior ou menor escala, basta citar os problemas dos diversos contingentes de refugiados pelo mundo, *v.g.* na Palestina, ou de países como Líbia e Síria, os curdos, as pessoas que saem da África e Cuba em embarcações primitivas, superlotadas, sem a mínima condição de segurança, higiene e recursos para uma nova vida. A par de, muitas vezes, essas pessoas não terem mais condições de viver em sua terra de origem, seu êxodo significa uma perda importante para as comunidades de onde vieram (JACOBS, p. 2001), um rompimento com suas raízes e podem significar um grande problema (ao menos humanitário) nos países (regiões) para onde se deslocam.[85]

Como dito no item 2.1 acima, a extrema desigualdade social, preconceitos de qualquer espécie não são compatíveis com a sustentabilidade, nem o é a passividade com relação à expansão das capacidades, das liberdades e o atendimento às condições

---

[83] Basta lembrar que uma crise econômica na Islândia em 2008 (gerou o maior protesto da história do país, com quatro mil manifestantes) teve o condão de afetar os mercados por todo o mundo; outro exemplo foi a crise econômica de Chipre, em 2013, que, segundo alguns analistas, chegou a colocar a zona do Euro em risco.

[84] Em 1977, diante de uma enorme elevação dos índices inflacionários, o então Ministro Mário Henrique Simonsen declarou que o aumento se devia à variação dos preços do chuchu, que havia subido mais de 200%. No início de 2013, o argumento se repetiu, dessa vez o vilão da inflação foi o tomate. De qualquer forma, o exemplo serve para mostrar que a queda de produção de um item, havendo ou não substitutividade, sendo ou não um item importante para a economia e para o contexto social, pode desequilibrar desmesuradamente a economia. Nos casos, a inflação medida por um índice geral aumentou, afetou todos os preços da economia, mesmo aqueles que nada têm que ver com os hortifrútis, como, por exemplo, o preço de passagens aéreas, contratos de locação e o custo da telefonia.

[85] Atualmente a crise dos refugiados sírios é considerada a mais grave crise migratória desde a segunda guerra mundial, estimando-se que mais de 4 milhões de sírios tenham deixado seu país por conta da guerra civil. Aqueles com interesse em contribuir para a solução dos problemas relacionados a refugiados, que hoje afetam cerca de 51 milhões de pessoas no mundo, podem se informar acessando o site da ONU: <http://www.acnur.org/t3/portugues/#_ga=1.97840543.1428651320.1458489696>.

mínimas relativas aos serviços públicos básicos, particularmente saúde e educação.

A Constituição Federal assume, no seu art. 4º, o compromisso de reger-se em suas relações internacionais, dentre outros, pelo princípio da cooperação entre os povos, e, no parágrafo único, está especificado que a República buscará a integração econômica, política, social e cultural dos povos da América Latina.

Em termos ambientais, o relatório Stern não poderia ter sido mais claro, todas as nações têm que contribuir para a redução dos fatores que impactam na degradação do clima, sob pena de inefetividade das medidas isoladas, por melhores que sejam, mas a cooperação também é fundamental para os avanços no campo social e econômico.

As licitações e contratações públicas, como acima afirmado, devem viabilizar um ambiente de descentralização econômica, e fomento de atividades e agentes, principalmente em regiões que apresentem baixos indicadores econômicos e sociais, mas não podem servir de justificativa para atitudes meramente protecionistas, baseadas em um discurso nacionalista caquético.

O que se pretende aqui é provar que as atitudes isoladas e de formação de mercados exclusivos têm que ser analisadas com reservas, a própria teoria do desenvolvimento pressupõe pluralidade, ou, como lembra Jacobs (2001:26), o terceiro princípio fundamental do desenvolvimento afirma que "desenvolvimento depende de codesenvolvimentos", não há desenvolvimento linear. O desenvolvimento opera como uma "rede de co-desenvolvimentos interdependentes. Sem essa rede não há desenvolvimento". Nessa ótica, far-se-á uma crítica às alterações que levaram à introdução dos parágrafos 5º e seguintes no art. 3º da Lei nº 8.666/93, pela Lei nº 12.349/10.

Não restam dúvidas de que os procedimentos de desenvolvimento e de sustentabilidade têm que começar dentro das fronteiras do país, ao menos este deve ser o objetivo imediato, mas há que se ter um projeto de apoio a medidas de desenvolvimento e sustentabilidade que superem os limites das fronteiras nacional. Outrossim, os privilégios aos fornecedores nacionais que permitem a contratação por custos até 25% superiores, pelo só fato dos produtos e serviços serem de origem nacional, tem que ser sopesado com outras necessidades do Estado, principalmente de atendimento aos direitos fundamentais. Em decorrência, é necessária uma reflexão sobre opções de política econômica internacional adotadas pelo Brasil.

Em 15 de dezembro de 2011, foi fechado um acordo multilateral de compras governamentais (GPA) na OMC,[86] tratado internacional que consiste numa abertura dos mercados nacionais de compras públicas a empresas estrangeiras, com ampliação da transparência e firme compromisso de combate à corrupção.

O GPA é um projeto que teve início ainda no âmbito do GATT, tendo evoluído até a versão atual. Segundo a própria OMC, o GPA é "baseado nos princípios da abertura, transparência e não discriminação, aplicados às compras dos países membros, em benefício dos membros e seus fornecedores, produtos e serviços. O texto do acordo inclui regras específicas para implementar estes princípios".[87] O acordo tem previsão de liberar um montante aproximado de US$ 150 bilhões (cento e cinquenta bilhões de dólares) em obras e contratações dos países signatários, dentre os quais se encontram os Estados Unidos, os países membros da União Europeia, Japão e Rússia. Além disso, a China vem negociando sua entrada, o que poderá abrir um imenso novo mercado.

Em síntese, o Acordo de Compras Governamentais da OMC (GPA) elege como prioridade a liberalização e a expansão do comércio mundial, e o aprimoramento das normas que orientam as transações comerciais entre os países, estabelecendo um conjunto de direitos e obrigações na área de contratações públicas, construiu definições de modalidades e montantes de licitação adequadas às entidades públicas, além dos procedimentos para a qualificação dos fornecedores. O ponto de partida foi o estabelecimento para cada país membro de valores mínimos de compras governamentais (anexos), quantificados em Direitos Especiais de Saque (DES).

Foram definidos níveis de governo por capacidade de contratação (local, regional e nacional), por exemplo, governos nacionais têm valor mínimo de compras de bens e serviços de 130.000 DES; para governos regionais, o valor para bens e serviços

---

[86] The plurilateral Agreement on Government Procurement (GPA), extraído do site: <http://www.wto.org/english/tratop_e/gproc_e/gp_gpa_e.htm> em 30 de julho de 2013. Tradução: Acordo Multilateral de Compras Governamentais.

[87] O conteúdo foi transposto com tradução livre. Disponível em <http://www.wto.org/english/tratop_e/gproc_e/gp_gpa_e.htm>. Acesso em: 25 fev. 2014.

é de 200.000 DES, variando entre os países. Também há limites definidos para empresas públicas.

São previstas três modalidades de licitação, conforme a possibilidade de participação de fornecedores: abertos, licitação seletiva e licitação restrita, quando há convite para a participação no certame.

A igualdade de oportunidade de participação entre nacionais e estrangeiros é garantida por publicações realizadas em prazos que permitam aos interessados se habilitarem, mas não há diferenças entre nacionais e estrangeiros, os requisitos são os mesmos.

Apesar do imenso potencial, o Brasil não assinou o tratado, que, de imediato, teria trazido, ao menos, dois grandes benefícios: modificação de algumas das regras de licitação para torná-las mais transparentes e com mais rigor no combate à corrupção, e a competição, que poderia reduzir significativamente o custo das contratações públicas.

Na época do acordo, a justificativa do governo federal foi de que o país estava mais preocupado em abrir o mercado de compras governamentais para os países latino-americanos, em particular, os filiados ao Mercosul, que não têm tradição nem capacidade competitiva em disputas por contratos governamentais.

Especula-se que, na verdade, o governo, diante de grandes projetos de obras que antecedem eventos esportivos (Copa do Mundo e Olimpíadas), teria retardado a assinatura dos acordos como forma de manter essas obras cativas para empresas nacionais. Se essa especulação é verdade, não se pode afirmar, mas o fato é que as obras de estádios, de mobilidade e outras que estão especificamente ligadas a esses eventos vêm, reiteradamente, superando os orçamentos previstos.

Embora o GTA não tenha como propósito tratar especificamente da sustentabilidade ambiental, importaria grandes avanços no que tange ao combate à corrupção, redução de custos de obras e serviços, aumentando a eficiência os gastos públicos, abrindo novas oportunidades comerciais e, ao fim, promovendo o aumento da atividade econômica, que é uma das formas de viabilizar melhorias sociais. De resto, a própria alteração promovida pela Lei nº 12.349/10, em sua origem, também não tinha o objetivo específico de promover a sustentabilidade ambiental.

Quando analisada a exposição de motivos da Medida Provisória nº 495/10, convertida na Lei nº 12.349/10, vê-se que o grande motivador da lei é encontrado no discurso protecionista,[88] conforme se vê no texto do terceiro parágrafo: "impõe-se a necessidade de adoção de medidas que agreguem ao perfil de demanda do setor público diretrizes claras atinentes ao papel do Estado na promoção do desenvolvimento econômico e fortalecimento de cadeias produtivas de bens e serviços domésticos". O parâmetro de argumento é o "Buy American Act", que, na verdade, tem conteúdo e função mais amplos, para não dizer diverso, do que o proposto como legislação brasileira.

O parágrafo 6º espanca qualquer dúvida de que a exposição de motivos pretende tratar meramente de privilégios para fornecedores nacionais:

> 6. A modificação do *caput* do artigo 3º visa agregar às finalidades das licitações públicas o desenvolvimento econômico nacional. Com efeito, a medida consigna em lei a relevância do poder de compra governamental como instrumento de promoção do mercado interno, considerando-se o potencial de demanda de bens e serviços domésticos do setor público, o correlato efeito multiplicador sobre o nível de atividade, a geração de emprego e renda e, por conseguinte, o desenvolvimento do país. É importante notar que a proposição

---

[88] Para PÉRCIO e RAMOS: No contexto da Medida Provisória nº 495/10, muito embora as normas dos parágrafos do art. 3º estejam voltadas exclusivamente para o crescimento econômico, o conceito de desenvolvimento nacional, mais amplo e multifacetado, não poderia ser desconsiderado como limite à aplicabilidade das regras de preferência. De modo algum a utilização das margens de preferência em prol do crescimento econômico poderá ser levada a cabo em detrimento das outras facetas do desenvolvimento nacional – social, cultural e intelectual, sob o risco de se retroceder ao crescimento econômico perverso, alheio ao projeto social e à melhoria das condições de vida da população. Assim, é condição de constitucionalidade das medidas autorizadas pelos parágrafos do art. 3º da Lei nº 8.666/93 que a adoção das referidas margens de preferência não produzam efeitos reflexos prejudiciais à concretização de outros direitos prestacionais.
A inclusão da palavra "sustentável" restringiu ainda mais a aplicabilidade das novas normas. O texto convertido na Lei nº 12.349/10 traz como condição de legalidade para qualquer medida adotada a conformidade com o novo objetivo das contratações públicas: não apenas garantir a promoção do desenvolvimento nacional, mas também a promoção do desenvolvimento nacional sustentável. No mesmo eixo, o conceito de "desenvolvimento nacional sustentável", ainda que em evolução, não deixa dúvidas de que a implementação de políticas públicas de desenvolvimento nacional deve ser precedida de estudo de viabilidade que considere as repercussões provocadas no âmbito da concretização de direitos fundamentais. Deixar de atentar para esse aspecto produz abissal distância entre as normas que visam ao crescimento econômico pela via da preferência a produtos manufaturados e serviços nacionais e o objetivo de garantir o desenvolvimento nacional sustentável, fazendo emergir a citada incoerência. PÉRCIO, Gabriela Verona; RAMOS, Flávio. Preferência para produtos manufaturados e serviços nacionais em licitações: Análise crítica à luz do desenvolvimento nacional sustentável. *Revista Zênite – Informativo de Licitações e Contratos (ILC)*, Curitiba, n. 215, p. 52-62, jan. 2012, p. 58.

fundamenta-se nos seguintes dispositivos da Constituição Federal de 1988: (i) inciso II do artigo 3º, que inclui o desenvolvimento nacional como um dos objetivos fundamentais da República Federativa do Brasil; (ii) incisos I e VIII do artigo 170, atinentes à organização da ordem econômica nacional, que deve observar, entre outros princípios, a soberania nacional e a busca do pleno emprego; (iii) artigo 174, que dispõe sobre as funções a serem exercidas pelo Estado, como agente normativo e regulador da atividade econômica; e (iv) artigo 219, que trata de incentivos ao mercado interno, de forma a viabilizar o desenvolvimento cultural e socioeconômico, o bem estar da população e a autonomia tecnológica do país.

O "Buy American Act" tem por pressuposto que a preferência aos fornecedores internos somente ocorre se os preços por esses fornecidos forem competitivos, isto é, se o fornecedor em apreço for eficiente o suficiente para que seus preços não sejam abusivos.[89] Assim, estipulado o padrão qualitativo, se a oferta doméstica mais baixa não for aceitável, mesmo nos casos protegidos por lei, é possível o governo efetuar uma compra do exterior.

Mesmo que a inspiração viesse da União Europeia, os procedimentos não seriam muito diferentes. A legislação da U.E. é composta por Diretivas que determinam os procedimentos para contratações baseadas em valores mínimos, aos quais os países membros devem se adaptar. A importância das contratações públicas na U.E. é ainda maior que no Brasil, significam cerca de 18% de seu PIB.

As diretivas europeias de compras governamentais têm como princípio a livre circulação de bens e a não discriminação, como forma de garantir oportunidades iguais de participação dos licitantes. As principais Diretivas são: para aquisições de bens: Diretiva 93/36/EEC; para contratações de obras públicas: Diretiva 93/37/EEC; para contratações de serviços: Diretiva 92/50/EEC; para contratações pelas empresas que operam serviços de

---

[89] Sub parte 25.001,
(1) *Restricts the purchase of supplies, that are not domestic end products, for use within the United States. A foreign end product may be purchased if the contracting officer determines that the price of the lowest domestic offer is unreasonable or if another exception.* Tradução: Restringe as compras de fornecedores não domésticos de produtos finais para uso nos Estados Unidos. Um produto final estrangeiro pode ser comprado se o oficial de contratação determina que a oferta doméstica mais baixa não é razoável ou em casos de exceção.
Disponível em: <http://www.wingovernmentcontracts.com/buy-american-act.htm>. Acesso em 25 fev. 2014.

utilidade pública nos setores de abastecimento de água, energia, transportes e telecomunicações: Diretiva 93/38/EEC; normas de processo administrativo e recursos: Diretiva 89/665/EEC e Diretiva 92/13/EEC.

Com respeito às modalidades de licitação, há três tipos, como no Buy American Act: procedimentos abertos a qualquer fornecedor; procedimentos limitados, nos quais só participam fornecedores convidados; e, procedimentos por negociação, quando o contrato é negociado diretamente. A regra é o procedimento aberto e os limites são estabelecidos em Euros ou Direitos Especiais de Saque, com observância de acordos como os feitos com a OMC (GPA), conforme Anexo I da Diretiva 97/52.

Os requisitos de habilitação são pré-determinados e, como na Lei nº 8.666/93, envolvem a prova da capacidade financeira, econômica e técnica, e limitam as condições às estabelecidas nas Diretivas.[90]

A publicidade dos atos licitatórios tem regras estritas, divididas em três fases: informação prévia sobre as contratações projetadas para os doze meses subsequentes, publicação das adjudicações, contendo o número de ofertas recebidas, os preços pagos e o nome do licitante vencedor.

O pano de fundo dos procedimentos é claro: a eficiência é um componente importante das contratações, além disso, não

---

[90] Segundo o informativo do parlamento europeu de 15.01.14, foi aprovada a revisão da legislação europeia sobre contratos públicos de obras, bens e serviços e as concessões, para dar mais autonomia às autoridades na seleção dos fornecedores. O objetivo não é apenas selecionar o menor custo, mas a priorização de critérios sociais e ambientais, além de simplificar procedimentos.
O objetivo declarado é incentivar o crescimento econômico, o emprego e a inclusão social.
Nas palavras do informativo, a eficácia da contratação pública tornou-se uma prioridade para os países membros, que terão dois anos para internalizar as novas regras.
Pelas novas diretivas, o preço/custo não será mais o requisito principal das compras, mas a sua adequação qualitativa, considerando-se principalmente os critérios sociais e ambientais. Outra prioridade está no incentivo à inovação como resposta a problemas específicos, mas o respeito às normas ambientais e trabalhistas, tanto internas como da U.E. é obrigatório, para o contratado principal e para os subcontratados. Por outro lado, houve redução dos critérios de exigência, para ampliar o rol de fornecedores.
Outra grande preocupação está no aumento da transparência e no combate à corrupção.
É de se destacar que o setor de fornecimento de água ficou regido apenas pelas regras internas dos países, sem qualquer obrigatoriedade de privatização.
Por fim, ficou estabelecida a possibilidade de abertura do mercado europeu ao comércio internacional por meio da reciprocidade. Disponível em: <http://www.europarl.europa.eu/news/pt/news-room/content/20140110IPR32386/html/Parlamento-Europeu-aprova-novas-regras-para-contratos-p%C3%BAblicos-e-concess%C3%B5es>. Acesso em 25 fev. 2014.

tem sentido fornecer privilégios internos ao custo de restrições no fornecimento de produtos e serviços fundamentais à população.

A exposição de motivos da MP 495/10 cita, ainda, a legislação de países da América Latina, dentre os quais a Argentina, mas é de se lembrar que lá a variação de custo chega, no máximo, ao percentual de 7%.

A análise dos parágrafos 5º a 12 do art. 3º da Lei nº 8.666/93 indica uma tendência à teratologia econômica. A margem de vantagem do fornecedor nacional pode ser de até 25% (vinte e cinco por cento), conforme o §8º, um verdadeiro protecionismo. É de se perguntar: pagar até 25% a mais por um produto ou serviço é constitucionalmente válido? É preferível esse custo maior, muitas vezes decorrente de simples ineficiência do fornecedor à ampliação dos serviços de saúde, educação, saneamento, fornecimento de água potável...?

Com relação ao §12, que trata dos sistemas de tecnologia da informação e comunicação, parece que foi esquecida a lição da Lei nº 8.248/91 (Lei da Informática), que resultou em atrasos tecnológicos em diversos setores econômicos.

Sendo constitucionalmente viável a implantação dessas normas que autorizam contratações com custos muito mais elevados (nada sustentáveis em termos econômicos), como justificar a aplicação da teoria da reserva do possível?

No Brasil, estimando-se que as contratações públicas signifiquem 10% (dez por cento) do PIB, se, em sua integralidade, fossem feitas por um custo de até 25% a mais, significaria que o Estado deixaria de comprar até 2,5% do PIB nacional, ou que equivale a duas vezes o PIB da Bolívia,[91] ou, ainda, duas vezes o PIB do Paraguai,[92] ou, ainda, a uma vez o PIB do Uruguai.[93]

É preciso esclarecer que a Lei Complementar nº 123/06 já estabelecia parâmetros privilegiados de habilitação e limites de propostas para as microempresas e empresas de pequeno porte, conforme os artigos 43 e 44. O art. 43 permite a regularização da habilitação em até dois dias após o certame e, pelo art. 44, as

---

[91] Disponível em: <https://www.google.com.br/#q=PIB+DA+BOL%C3%8DVIA>. Acesso em 8 dez. 13.
[92] Disponível em: <https://www.google.com.br/#q=PIB+do+Paraguai>. Acesso em 8 dez. 13.
[93] Disponível em: <https://www.google.com.br/#q=PIB+do+Uruguai>. Acesso em 8 dez. 13.

microempresas e EPPs terão, como critério de desempate, o limite de até 10% nos procedimentos de concorrência, tomada de preços e convite, e de até 5% nas modalidades pregão, mas, em ambos os casos, a disputa privilegiada não impõe maiores custos para a administração, ao contrário, determina um esforço grande dos fornecedores que não são micro ou de pequeno porte, determinando um estrito planejamento de custos e grande redução das margens de lucro.

Como de resto já comentado acima, o grande questionamento que se faz diz respeito ao aspecto qualitativo. Em que pese o §6º estipule alguns critérios que consideram a inovação tecnológica, custos adicionais, esses não são fatores que garantam um diferencial qualitativo que justifique a aceitação de custos maiores, principalmente na proporção de 25%, pois nada impede que haja inovação tecnológica sem, contudo, haver ganhos significativos em termos de alcance de objetivos. A história é repleta de exemplos de inovações que não vingaram (tecnologia Betamax) ou que resultaram em desserviços (Talidomida), sendo uma das formas de se evitar erros justamente a possibilidade de competição.

Nesses termos, a expressão "desenvolvimento nacional sustentável" deve ser analisada de forma bastante crítica. Como uma forma de protecionismo ou mesmo de um projeto de desenvolvimento sustentável isolado, é uma iniciativa com poucas possibilidades de sucesso. Sendo um projeto voltado aos interesses nacionais, mas em harmonia com as diretrizes e objetivos socioeconômicos e ambientais de outros países, que estimule o convívio e a saudável competição econômica, poderá se tornar um marco na utilização do poder de contratação da administração para benefício de políticas intergeracionais.

CAPÍTULO 6

CONCLUSÃO

A capacidade intelectual da humanidade, associada à evolução de sua estrutura, principalmente à liberação dos membros superiores e à disponibilidade de um polegar opositor que lhe permite realizar movimentos finos, criaram um diferencial evolutivo que a levou a se adaptar a todas as regiões da Terra (JACOBS, 2001, p. 26). Essa mesma excepcional capacidade também foi utilizada para domínio e jugo do ambiente e de demais espécies animais e vegetais, mas o ambiente não está aí para ser subjugado, ao contrário, faz parte da vida e do bem-estar humano.

A escassez de recursos naturais, as alterações climáticas e a premente necessidade de melhorar as condições de vida de uma imensa parcela da população mundial demandam uma mudança de paradigmas, notadamente de cunho econômico em todo o mundo, inclusive no Brasil, pois a vida ainda depende da "saúde" do planeta Terra.

A alteração da Lei nº 8.666/93, que introduziu o princípio do desenvolvimento nacional sustentável no art. 3º, parece ter sido pensada com um propósito meramente econômico, dentro de um viés protecionista, que é uma conclusão a que se chega com base na exposição de motivos da MP 495/10, convertida na Lei nº 12.349/10. Contudo, o significado semântico da expressão utilizada já indicava ter sido introduzido algo mais na lei, pois desenvolvimento não mais se confunde com crescimento econômico; trata-se de processo social de ampliação das capacidades humanas e respeito ao meio ambiente, e preocupação com as futuras gerações. Desenvolvimento nacional deve respeitar os fundamentos e objetivos da República estabelecidos na Constituição.

Se como princípio tivesse sido introduzida, no art. 3º, apenas a palavra desenvolvimento, ainda assim, tratar-se-ia de um desenvolvimento qualificado, que inclui as preocupações sociais e com o meio ambiente, vedado o desenvolvimento restrito ao âmbito do crescimento econômico, que, historicamente, no Brasil, se mostrou concentrador e minimizador dos demais objetivos da Federação. Por outro lado, esse desenvolvimento histórico hoje seria inconstitucional, pois a própria Constituição, no art. 170, VI e VII, assume como princípios a defesa do meio ambiente e o desenvolvimento social.

Fosse, por outro lado, introduzida como princípio apenas a palavra sustentabilidade, a ideia de desenvolvimento não estaria sublimada, pois a sustentabilidade também é econômica, de aproveitamento racional de recursos, apenas que enfatiza a ideia intergeracional (de cunho constitucional, pelo art. 225) e da necessidade de uma nova ética.

Com base nesses conceitos atualizados, a eficiência tem que ser vista dentro de um novo paradigma, somente se concretiza quando presentes os pressupostos que permitem o desenvolvimento sustentável, ou seja, a aplicação racional de recursos que viabilizem a utilização eficiente e eficaz de recursos econômicos e naturais, em prol de uma sociedade mais igualitária que estimula e permite o desenvolvimento das capacidades e liberdades individuais, com respeito ao pluralismo democrático.

Nesses termos, não há como ter um "desenvolvimento nacional" estrito senso. Tal expressão somente é cabível quando em sintonia com o desenvolvimento dos demais países, pois sequer o crescimento econômico duradouro é possível em uma situação de isolamento ou de protecionismo extremo, uma vez que as economias encontram-se extremamente vinculadas e, ao contrário, estima-se que, quanto mais aberta a economia, maior a possibilidade de crescimento econômico, o pressuposto de desenvolvimento é, como afirmado, o codesenvolvimento.

No campo ambiental, não é diferente. As alterações climáticas em qualquer lugar do planeta afetam a Terra como um todo, *v.g.* as emissões dos Estados Unidos ou da China afetarão o Brasil e os demais países. Daí que a sustentabilidade também demanda uma harmonia de políticas e entendimento para que as ações não sejam inócuas. No caso brasileiro, ainda mais, a sustentabilidade perpassa ou deve perpassar a integralidade das motivações administrativas, uma vez que é dever do poder público e da coletividade defender e preservar o meio ambiente, bem como agir atendendo aos princípios da administração, no caso, com especial atenção aos princípios da moralidade e da legalidade.

Por isso, o desenvolvimento nacional sustentável, entendido não no sentido de ações econômicas protecionistas, mas de proteção da economia, da modernização, das premissas sociais e do meio ambiente, é, hoje, um imperativo, requisito do princípio da eficiência, uma característica necessária à boa administração.

REFERÊNCIAS

ANDRADE, F. Siebeneichler de. *Responsabilidade civil por danos ao meio ambiente*. Revista dos Tribunais, São Paulo, v. 808, p. 111-118, 2003.

ARAGÃO, Alexandre S. Intepretação consequencialista e análise econômica do direito público à luz dos princípios constitucionais da eficiência e da economicidade. *Interesse Público – IP*, Belo Horizonte, ano 11, n. 57, 11 – 30, set/out. 2009.

ARENDT, Hannah. *A condição humana*. 10. ed. Rio de Janeiro: Forense Universitária, 2004.

_____. *Origens do totalitarismo*: anti-semitismo, imperialismo, totalitarismo. Tradução de Roberto Raposo. São Paulo: Cia das Letras, 1998.

ARROW, K. J. *Barries to conflict resolution*. New York: Norton, 1995.

ÁVILA, Humberto B. *Teoria dos princípios*: da definição à aplicação dos princípios jurídicos. 9. ed. São Paulo: Malheiros, 2009.

BANDEIRA DE MELLO, C. A. *Curso de direito administrativo*. 28. ed. São Paulo: Malheiros, 2011.

BARBOSA, Alexandre de Freitas. *O mundo globalizado*: política, sociedade e economia. São Paulo: Contexto, 2001.

BARKI, T. Villac Pinheiro e SANTOS, Murillo Giordan (orgs). *Licitações e contratações públicas sustentáveis*. Belo Horizonte: Fórum, 2011.

BARRETO, Vicente de Paulo. *Dicionário de Filosofia do Direito*. São Leopoldo: Unisinos / Rio de Janeiro: Renovar, 2006.

BARROSO, L. R. *Curso de direito constitucional contemporâneo*: os conceitos fundamentais e a construção do novo modelo. 3. ed. São Paulo: Saraiva, 2012.

BERLIN, Isaiah. *Quatro ensaios sobre a liberdade*. Tradução de Wamberto Hudson Ferreira. Brasília: Ed. Universidade de Brasília, 1981.

_____. *A força das idéias*. Tradução de Rosaura Eichenberg. São Paulo: Cia das Letras, 2005.

_____. *Idéias políticas na era romântica*: ascensão e influência no pensamento moderno. São Paulo: Cia das Letras, 2009.

_____. *The roots of romanticism*. New Jersey. Princeton University Press, 1999.

BOBBIO, Norberto. *Direito e Estado no Pensamento de Emanuel Kant*. 4. ed. Tradução de Alfredo Fait. Brasília: Universidade de Brasília, 1997.

_____. *Estado, governo, sociedade*: para uma teoria geral da política. 6. ed. Rio de Janeiro: Paz e Terra, 1997

_____. *Igualdad y libertad*. Barcelona: Paidós, 1993.

_____. *O futuro da democracia*. Tradução de Marco Aurélio Nogueira. São Paulo: Paz e Terra, 2006.

_____. *Teoria da norma jurídica*. Tradução de Fernando P. Baptista e Ariani B. Sudatti. Edipro: São Paulo, 2001.

BONAVIDES, Paulo. *Curso de direito Constitucional*. São Paulo: Malheiros, 2003.

BRUNDTLAND, H. G. et all. *Nosso futuro comum*. 2. ed. Rio de Janeiro: FGV, 1991.

BUENO, Eduardo. et al. *Pau-Brasil*. São Paulo: Axis, 2002.

BUENO, Vera C. C. M. Scarpinella. As leis de procedimento administrativo: uma leitura operacional do princípio constitucional da eficiência. Porto Alegre: *Revista de direito constitucional e internacional*, Vol. 10. n. 39, p. 267 - 288, 2002.

CALDAS, Roberto C. S. G. PPPs – Parcerias público privadas e meio ambiente. *Interesse Público – IP*, n. 64, Belo Horizonte: Fórum, p. 171 - 189, 2010.

CANARIS, C. W. *Pensamento sistemático e conceito de sistema na ciência do direito*. Tradução de A. Meneses Cordeiro. 3. ed. Lisboa: Fundação C. Gulbenkian, 2002.

CALIXTO, Marcelo J. *A responsabilidade civil do fornecedor de produtos pelos riscos do desenvolvimento*. Rio de Janeiro: Renovar, 2004.

CAVALCANTI, Clóvis. Org. *Desenvolvimento e natureza*: estudos para uma sociedade sustentável. 3. ed. São Paulo: Cortez, 2001.

_____. *Meio ambiente, desenvolvimento sustentável e políticas públicas*. 4. ed. São Paulo: Cortez, 1997.

CIRNE-LIMA, Carlos R. V. *Dialética para principiantes*. 3. ed. São Leopoldo: Ed. Unisinos, 2005.

_____. *Sobre a contradição*. 2. ed. Porto Alegre: Edipucrs, 1996.

COASE, R. H. O problema do custo social. Disponível em: <http://api.ning.com/files/pwva2Uz3vQSpq50UStPG3D4yeECvvcyQTHrQsSiGUaeFiziwh0IT0p7lujUhc7o6kF*iqT9EP36wlaJ9lySyh9cKKJg*RG-F/OproblemadocustosocialCoase.PDF>. Acesso em: 15 dez. 2013.

COMISSÃO MUNDIAL SOBRE MEIO AMBIENTE E DESENVOLVIMENTO. *Nosso futuro comum*. Rio de Janeiro: FGV, 1991.

COMPRAS públicas sustentáveis. Disponível em: <http://www.cpsustentaveis.planejamento.gov.br.brwp-contentuploads201006.pdf>. Acesso em: 12 set. 2013.

COSTA, Carlos E. Lustosa da. As licitações sustentáveis na ótica do controle externo. *Interesse Público – IP*, Belo Horizonte, ano 14, n. 71, p. 243 - 278, jan/fev., 2012.

D'AVILA, Caroline D. B. *Os direitos à saúde e ao ambiente no contexto do estado socioambiental brasileiro*. 2011. Dissertação (Mestrado em Direito) – Faculdade de Direito da Pontifícia Universidade Católica do Rio Grande do Sul, Porto Alegre, 2011.

DALY, Herman. *A economia do século XXI*. Porto Alegre: Mercado Aberto, 1984.

_____ Políticas para o desenvolvimento sustentável. In. CAVALCANTI, C. *Meio ambiente, desenvolvimento sustentável e políticas públicas*. São Paulo: Cortez, 1997. P. 179 a 192.

DASGUPTA, Partha. *Economia*. Tradução de S. Vieira. São Paulo: Ática, 2008.

DESCARTES, René. *Discurso do Método*. Tradução de João Cruz Costa. Rio de Janeiro: Edições de Ouro.

DI PIETRO, Maria S. Z. *Direito administrativo*. 15. ed. São Paulo: Atlas, 2003.

_____. *Direito administrativo*. 26. ed. São Paulo: Atlas, 2013.

DWORKIN, R. *Levando os direitos a sério*. 3. ed. São Paulo: Martins Fontes, 2010.

_____. *A virtude soberana*: a teoria e a prática da igualdade. Tradução de Jussara Simões. São Paulo: Martins Fontes, 2012.

FERNANDES, J. U. Jacoby. *Contratação direta sem licitação*. 8. ed. Belo Horizonte: Fórum, 2009.

_____. *Sistema de registro de preços e pregão presencial e eletrônico*: contratar com os melhores preços, menor tempo e sem riscos. 2. ed. Belo Horizonte: Fórum, 2007.

FERREIRA, Daniel. Kasper, Júlio H. S. O desenvolvimento nacional sustentável como finalidade legal da licitação. *Direito e Justiça*, v. 39, n. 1, p. 69-76, jan./jun. 2013. Disponível em: <http://revistaseletronicas.pucrs.br/fo/ojs/index.php/fadir/article/view/12367/9065>. Acesso em: 16 jan. 2014.

FERREIRA, F. G. *O mito da eficiência* ôntica *das organizações não-governamentais parceiras do poder público*: uma análise da discricionariedade administrativa, em face dos princípios da motivação e da eficiência. Dissertação de mestrado. Porto Alegre: PUC/RS, 2006.

FREITAS, Juarez. *A interpretação sistemática do direito*. 5. ed. São Paulo: Malheiros, 2010a.

_____. Direito fundamental à boa administração pública e a constitucionalização das relações administrativas brasileiras. *Interesse Público – IP* n. 60. Belo Horizonte: Fórum, p. 13 – 24, 2010b.

_____. *Discricionariedade administrativa e o direito fundamental* à *boa administração pública*. 2. ed. São Paulo: Malheiros, 2009.

_____. Licitações e sustentabilidade: ponderação obrigatória dos custos e benefícios sociais, ambientais e econômicos. *Interesse Público – IP* n. 70 – IP, Belo Horizonte, ano 13, n. 70, p. 1535, nov./dez. 2011a.

_____. Princípio da precaução: vedação de excesso e de inoperância. *Interesse Público – IP*, São Paulo, n. 35, p. 33 – 48, 2006a.

_____. (org.). *Responsabilidade civil do estado*. São Paulo: Malheiros, 2006b.

_____. *Sustentabilidade*: direito ao futuro. Belo Horizonte: Fórum, 2011b.

FURTADO, Celso. *O capitalismo global*. 7. ed. São Paulo: Paz e Terra, 2007.

_____. *O mito do desenvolvimento econômico*. 6. ed. Rio de Janeiro: Paz e Terra, 1983.

GABARDO, Emerson. *Eficiência e legitimidade do Estado*: uma análise das estruturas simbólicas do direito político. Barueri: Manole, 2003.

GADAMER, H. G. *Verdade e método I*: traços fundamentais de uma hermenêutica filosófica. Tradução de Flávio P. Meurer. Petrópolis: Vozes, 2008.

_____.*Verdade e método II*: complementos e índice. Tradução de Enio Paulo Giachini. Petrópolis: Vozes, 2011.

GARCIA, Flávio A. e RIBEIRO, Leonardo C. Licitações públicas sustentáveis. *Revista de direito administrativo*, Rio de Janeiro, n. 260, p. 231 – 254, maio./ago., 2012.

GARÓFALO, Gilson de L. e CARVALHO, Luiz Carlos P. de. *Teoria Microeconômica*. São Paulo: Atlas, 1985.

GEORGESCU-ROEGEN, N. *O decrescimento*: entropia, ecologia, economia. Tradução de João Duarte. Lisboa: Piaget, 2008.

GIANNETTI, E. *O valor do amanhã*. São Paulo: Cia das Letras, 2007.

GIDDENS, A. *Sociologia*. Porto Alegre: Artmed. 2010.

Grau, Eros R. *O direito posto e o direito pressuposto*. 6. ed. São Paulo: Malheiros, 2005.

HART, H. L. A. *O conceito de direito*. Tradução de Antônio O. Sette-Câmara. São Paulo: Martins Fontes, 2009.

HARTMANN, Ivar A. M. O princípio da precaução e sua aplicação no direito do consumidor: dever de informação. *Revista de direito do consumidor*, São Paulo, n. 70, p. 172 – 235, 2009.

HOBBES, T. *Leviathan*. New York: Barnes & Noble, 2004.

JACOBS, JANE. *A natureza das economias*. Tradução de Paulo A. S. Barbosa. São Paulo: Beca, 2001.

_____. *Morte e vida de grandes cidades*. Tradução de Carlos S. Mendes Rosa. São Paulo: Martins Fontes, 2001.

JAMIESON, D. *Ethics and the environment*: an introduction. Cambridge: Cambridge Univ., 2008.

JONAS, Hans. *O princípio responsabilidade*: ensaio de uma ética para a civilização tecnológica. Tradução de Marijane Lisboa e Luiz B. Montez. Rio de Janeiro: Contraponto, 2011.

JONES, Hywel G. *Modernas teorias do crescimento econômico*: uma introdução. Tradução de Maria A. Fonseca e Marcos G. Fonseca. São Paulo: Atlas, 1979.

JUSTEN FILHO, M. *Curso de direito administrativo*. 2. ed. São Paulo: Saraiva, 2006.

_____. *Comentários à lei de licitações e contratos administrativos*. 15. ed. São Paulo: Dialética, 2012.

LEITE, J. R Morato. AYALA, P. de Araújo. *Dano ambiental*: do individual ao coletivo extrapatrimonial: teoria e prática. 4. ed. São Paulo: RT, 2011.

LEVY, Daniel de Andrade. *Responsabilidade civil*: de um direito dos danos a um direito das condutas lesivas. São Paulo: Atlas, 2012.

LIEBEMBERG, Sandra. O valor da liberdade na interpretação dos direitos socioeconômicos. Tradução de Emerson B. Emery. Porto Alegre: Ajuris. *Revista da Ajuris*, Porto Alegre, ano XL, n. 129, p. 325 – 360, 2013.

LOVELOCK, James. *A vingança de Gaia*. Tradução de Ivo Korytowski. Rio de Janeiro: Intrínseca, 2006.

LUHMANN, N. *Introdução à teoria dos sistemas*. 3. ed. Tradução de Ana Cristina A. Nasser. Petrópolis: Vozes, 2009.

MACCORMICK, Neil. *Retórica e o estado de direito*: uma teoria da argumentação jurídica. Tradução de Conrado H. Mendes e Marcos P. Veríssimo. Rio de Janeiro: Elsevier, 2008.

MARCELLINO JUNIOR, J. C. *Princípio constitucional da eficiência administrativa*: (des) encontros entre economia e direito. Florianópolis: Habitus, 2009.

MACHADO, P. A. Leme. *Direito ambiental brasileiro*. 12. ed. São Paulo: Malheiros, 2004.

MAGNE, Augusto. *Dicionário etimológico da língua latina*. Rio de Janeiro: INL. 1952.

MANUAL de redação da câmara dos deputados. Disponível em: <http://bd.camara.gov.br/bd/bitstream/handle/bdcamara/5684/manual_redacao.pdf?sequence=1>. Acesso em: 27 dez. 2013

MARINONI, Luiz G. *Tutela específica*: (arts 461 CPC e 84, CDC). São Paulo: RT, 2000.

MARTINS da SILVA, A. L. *Direito do meio ambiente e dos recursos naturais*. São Paulo: Ed RT, 2005.

MENDES, Gilmar F. et. Al. *Curso de direito constitucional*. 4. ed. São Paulo: Saraiva, 2009.

MILARÉ, É. *Direito do ambiente*: doutrina – jurisprudência – glossário. 4. ed. São Paulo: Ed. RT, 2005.

MILL, J. S. *On liberty*. New York: Barnes and Noble. 2004.

_____. *Utilitarianism*. New York: Barnes and Noble. 2005.

MODÉ. Fernando M. *Tributação ambiental*: a função do tributo na proteção do meio ambiente. Curitiba: Juruá. 2004.

MORAND-DEVILLER, J., BONICHOT, J.C. *Mondialisation et globalisation dês concepts juridiques*: l'exemple Du droit de l'environnement. Paris: IRJS, 2010.

MOREIRA, Danielle de A. Responsabilidade ambiental pós-consumo. *Revista de Direito ambiental*, São Paulo, vol. 63, p. 157 - 179, 2011.

NAGEL, Thomas. *Visão a partir de lugar nenhum*. Tradução de Silvana Vieira. São Paulo: Martins Fontes, 2004.

NAPOLEONI, Claudio. *Smith, Ricardo, Marx*. 3. ed. Rio de Janeiro: Graal, 1983.

OLIVEIRA, Nythamar F. de. *Tractatus ethico-politicus*: genealogia do ethos moderno. Porto Alegre: Edipucrs, 1999.

OST, François. *O tempo do direito*. Tradução de Élcio Fernandes. Bauru: Edusc. 2005.

PAMPLONA, L. A. Boa administração, interesse público e índice de desenvolvimento humano. *Interesse Público – IP*, Belo Horizonte, n. 67, p. 187-201, 2011.

PASQUALINI, A. *Hermenêutica e sistema jurídico*: uma introdução à interpretação sistemática do Direito. Porto Alegre: Liv. do Advogado, 1999.

PÉRCIO, Gabriela Verona; RAMOS, Flávio. Preferência para produtos manufaturados e serviços nacionais em licitações: Análise crítica à luz do desenvolvimento nacional sustentável. *Revista Zênite – Informativo de Licitações e Contratos (ILC)*, Curitiba, n. 215, p. 52-62, jan. 2012.

PEREIRA DA SILVA, Vasco. Ventos de mudança no direito do ambiente, a responsabilidade civil ambiental. *Direitos fundamentais & justiça*, Porto Alegre, v. 3, n. 7, p. 81-88, 2009.

PEREIRA JÚNIOR, J. TORRES. Desenvolvimento sustentável: a nova cláusula geral das contratações públicas brasileiras. *Interesse Público – IP*, Belo Horizonte n. 67, p. 65 - 95, 2011.

_____. *Comentários à lei de licitações e contratações da administração pública*. 8. ed. Rio de Janeiro: Renovar, 2009.

_____. *Comentários ao RDC integrado ao sistema brasileiro de licitações e contratações públicas*. Rio de Janeiro/São Paulo: Renovar, 2015.

_____. DOTTI, Marinês R. A licitação no formato eletrônico e o compromisso com a eficiência (projeto de Lei nº 7.709, de 2007). *Interesse Público – IP*, Belo Horizonte, ano 9, n. 44, jul/ago p. 46 – 69, 2007.

_____. DOTTI, Marinês R. Registro cadastral e eficiência na atividade contratual da Administração Pública. *Interesse Público – IP*, Belo Horizonte, ano 11, n. 58, nov/dez, p. 64-74, 2009.

PERELMAN, C. *Ética e direito*. Tradução de M. E. Galvão. São Paulo: Martins Fontes. 2002.

_____. *Lógica Jurídica*. Tradução de Vergínia K. Pupi. São Paulo: Martins Fontes. 2004.

PIKETTY, Thomas. *O capital no século XXI*. Tradução de Monica B. de Bolle. Rio de Janeiro: Intrínseca. 2014.

PNUD. *Human development report 1990*: concept and measurement of human development. Disponível em: <http://hdr.undp.org/en/reports/global/hdr1990/chapters/>. Acesso em: 12 fev. 2013.

PNUD. *Human development report 2013*: The rise of the South: human progress in a diverse world. Disponível em: <http://hdr.undp.org/en/reports/global/hdr2013/>. Acesso em 18 out. 2013.

POSNER, R. A. *The problems of jurisprudence*. Massachusetts: Harvard Press, 2001.

PRIGOGINE, Y. *O fim das certezas*: tempo, caos e as leis da natureza. Tradução de Roberto L. Ferreira. São Paulo: Unesp. 2011.

RAWLS, J. *Uma teoria da justiça*. Tradução de Jussara Simões. São Paulo: Martins Fontes, 2008.

_____. *Justiça e democracia*. Tradução de Irene A. Paternot. São Paulo: Martins Fontes. 2002.

_____. *Lectures on the history of political philosophy*. Cambridge, Massachusetts and London: Harvard U. Press. 2007.

RECH, A. U. Instrumentos de tutela efetiva e eficaz na gestão do meio ambiente. *Rev. Direito e Desenvolvimento*, [S.l], v. 4. n. 7, p. 9-41, 2013.

RELATÓRIO IPCC/ONU. Disponível em: <http://www.ecolatina.com.br/pdf/IPCC-COMPLETO.pdf>. Acesso em 27 out. 2012.

RIFKIN, Jeremy. *A terceira revolução industrial*: como o poder lateral está transformando a energia, a economia e o mundo. Tradução de Maria Lúcia Rosa. São Paulo: M Books, 2012.

ROCHA, Leonel S., SCHWARTZ, G. e CLAM J. *Introdução à teoria do sistema autopoiético do direito*. Porto Alegre: Livraria do Advogado. 2005.

ROSA, Sérgio E. S., GOMES, G. L. O pico de Hubbert e o futuro da produção mundial de petróleo. *Revista do BNDS*, Rio de Janeiro, v. 11, n. 22, p. 21-49, 2004. Disponível em: <http://www.bndes.gov.br/SiteBNDES/export/sites/default/bndes_pt/Galerias/Arquivos/conhecimento/revista/rev2202.pdf>. Acesso em: 19 out. 2013.

SACHS, Ignacy. *A terceira margem*: em busca do ecodesenvolvimento. São Paulo: Cia das Letras, 2009.

_____. *Caminhos para o desenvolvimento sustentável*. Tradução de José Lins Albuquerque Filho. Rio de Janeiro: Garamond, 2009.

SANDS, Philippe; PEEL, Jacqueline. *Principles of international environmental law*. Cambridge University Press.

SANTOS, Rogério S. e outros. *Compras públicas sustentáveis*. Disponível em: <http://cpsustentaveis.planejamento.gov.brwp-contentuploads201006Cartilha.pdf>. Acesso em 12 set. 2013.

SARLET, Ingo W. A eficácia dos direitos fundamentais. 6. ed. Porto Alegre: Liv. Advogado, 2006.

_____. (organizador). Constituição, direitos fundamentais e direito privado. 3. ed. Porto Alegre: Liv. Advogado, 2010.

_____; FENSTERSEIFER, T. Direito constitucional ambiental: constituição, direitos fundamentais e proteção do ambiente. 3. ed. São Paulo: RT, 2013.

SCHMIDT, C. Princípios de direito ambiental. Interesse Público – IP, Belo Horizonte, n. 69, p. 187 – 207, 2011.

SEN, Amartya. A ideia de justiça. Tradução de Denise Bottmann e Ricardo D. Mendes. São Paulo: Cia das Letras, 2009.

_____. Desenvolvimento como liberdade. Tradução de Laura T. Mota. São Paulo: Cia de Bolso, 2012.

_____. Sobre ética e economia. Tradução de Laura T. Mota. São Paulo: Cia das Letras, 2006.

SHAPIRO, Edward. Análise Macroeconômica. Tradução de Augusto Reis. São Paulo: Atlas, 1985.

SILVA, Marco Aurélio S. da. A necessidade de responsabilização rigorosa do gestor de recursos públicos pela violação dos princípios norteadores da Administração Pública. Interesse Público – IP, Belo Horizonte, n. 66, p. 209 - 222, 2011.

SILVEIRA, Paulo A. Calienda Velloso da. Direito tributário e análise econômica do direito: uma visão crítica. Rio de Janeiro: Elsevier, 2009.

SINGER, P. Ética prática. Tradução de Jefferson L Camargo. São Paulo: Martins Fontes, 2006.

STAHEL, A. W. Capitalismo e entropia: os aspectos ideológicos de uma contradição e a busca de alternativas sustentáveis. In: Cavalcanti, C. (org.) Desenvolvimento e natureza: estudos para uma sociedade sustentável. 3. ed. São Paulo: Cortez, 2001. p. 104 a 128.

STEIGLEDER, Annelise M. Instrumentos de garantia para assegurar a reparação do dano ambiental. Revista de Direito ambiental, São Paulo, v. 63, p. 135 - 155, 2011.

STEIN, Ernildo. Aproximações sobre hermenêutica. Porto Alegre: Edipucrs, 2010.

STERN, N. O caminho para um mundo mais sustentável. Tradução de Ana Beatriz Rodrigues. Rio de Janeiro: Elsevier, 2010.

STERN, N (coord.). Stern Review: the economics of climate change. Disponível em: <http://mudancasclimaticas.cptec.inpe.br/~rmclima/pdfs/destaques/sternreview_report_complete.pdf>. Acesso em 27 fev. 2014.

STIGLITZ, Joseph E. O mundo em queda livre: os Estados Unidos, o mercado livre e o naufrágio da economia mundial. São Paulo: Cia das Letras, 2010.

STRECK, L. L. Hermenêutica jurídica e(m) crise. 5. ed. Porto Alegre: Livraria do Advogado, 2010.

_____. Jurisdição Constitucional e hermenêutica: uma nova crítica do Direito. 2. ed. Rio de Janeiro: Forense. 2003.

SUNDFELD, Carlos A. Como reformar as licitações. Interesse Público – IP, Belo Horizonte, n. 54, p. 19 – 28, 2009.

SUNSTEIN, CASS R. Para além do princípio da precaução. Interesse Público – IP, Belo Horizonte, n. 37, ano 8 maio / Jun., 2006. Disponível em: <http://www.bidforum.com.br/bid/PDI0006.aspx?pdiCntd=49179>. Acesso em: 27 out. 2012.

TAYLOR, Charles. *Argumentos filosóficos*. São Paulo: Loyola, 2000.

_____. *Hegel e a sociedade moderna*. Tradução de Luciana Pudenzi. São Paulo: Loyola, 2005.

TONIOLO, Giuliano. *Concessões e direitos fundamentais*: em busca da eficiência. Porto Alegre: Entre Meios, 2009.

TUGENDHAT, Ernest. *Autoconciencia y autodeterminación*: una interpretación lingüístico – analítica. Tradução de Rosa Helena Santos-Ihlau. Madrid: Fondo de cultura ecónomica. 1993.

_____. *Lições sobre ética*. 5. ed. Tradução de Róbson R. Reis e outros. Petrópolis: Vozes. 2003.

VEIGA, José Eli da. *Aquecimento global*: frias contendas científicas. São Paulo: Senac, 2008.

_____. *Desenvolvimento sustentável*. Garamond, 2010.

_____. *Sustentabilidade*: a legitimação de um novo valor. 2. ed. São Paulo: Senac. 2011.

WILSON, Edmund. *Rumo à estação Finlândia*. São Paulo: Cia das Letras. 1987.

WINDHAM-BELLORD, Karen A. O caminho de volta: responsabilidade compartilhada e logística reversa. *Revista de Direito ambiental*, São Paulo, v. 63, p. 181- 202, 2011.

ZAVASCKI, Teori A. *Processo coletivo*: tutela de direitos coletivos e tutela coletiva de direitos. 5. ed. São Paulo: RT, 2011.

"Esta obra foi composta em fonte Palatino Linotype, corpo 11,5
e impressa em papel Offset 75g (miolo) e Supremo 250g (capa)
pela Gráfica e Editora Laser Plus, em Belo Horizonte/MG."